《岭南文化书系》编委会名单

《客家文化丛书》编委会名单

岭南文化书系
客家文化丛书

客家书院

曾令存　编著

暨南大學出版社
JINAN UNIVERSITY PRESS
中国·广州

图书在版编目（CIP）数据

客家书院/曾令存编著. —广州：暨南大学出版社，2015.7
（岭南文化书系·客家文化丛书）
ISBN 978-7-5668-1498-2

Ⅰ.①客… Ⅱ.①曾… Ⅲ.①客家人—书院—研究—梅州市
Ⅳ.①G649.299.653

中国版本图书馆CIP数据核字（2015）第142326号

出版发行：暨南大学出版社

出 版 人： 徐义雄
责任编辑： 梁嘉韵
责任校对： 胡 芸

地　　址： 中国广州暨南大学
电　　话： 总编室（8620）85221601
营销部（8620）85225284　85228291　85228292（邮购）
传　　真：（8620）85221583（办公室）　85223774（营销部）
邮　　编： 510630
网　　址： http：//www.jnupress.com　http：//press.jnu.edu.cn

排　　版： 广州市天河星辰文化发展部照排中心
印　　刷： 深圳市新联美术印刷有限公司

开　　本： 787mm×1092mm　1/16
印　　张： 10.375
字　　数： 163千
版　　次： 2015年7月第1版
印　　次： 2015年7月第1次

定　　价： 46.00元

岭南文化书系·前言

五岭以南，素称岭南，岭南文化即岭南地区的人民千百年来形成的具有鲜明特色和绵长传统的地域文化，是中华文化的重要组成部分。由于偏处一隅，岭南文化在秦汉以前基本上处于自我发展的阶段，秦汉以后与中原文化的交流日益频繁。明清以至近代，域外文化不断传入，西学东渐，岭南已经成为传播和弘扬东西方文明的开路先锋，涌现出了如陈白沙、梁廷枏、黄遵宪、康有为、梁启超、孙中山等一大批时代的佼佼者。在20世纪70年代末开始的改革开放的浪潮中，岭南再一次成为试验田和桥头堡，在全国独领风骚。

在漫长的发展过程中，岭南文化形成了兼容、务实、开放、创新等诸多特征，为古老的中华文化的丰富和重构提供了多样态的个性元素和充沛的生命能量。就地域而言，岭南文化大体分为广东文化、桂系文化、海南文化三大板块，而以属于广东文化的广府文化、潮汕文化、客家文化为核心和主体。为了响应广东省委、省政府建设文化大省的号召，总结岭南文化的优良传统，促进岭南文化研究和传播的繁荣，在广东省委宣传部的指导和大力支持下，暨南大学出版社组织省内高等院校和科研机构的专家学者编写了这套《岭南文化书系》，该书系由《广府文化丛书》、《潮汕文化丛书》及《客家文化丛书》三大丛书共30种读本组成，历史胜迹、民居建筑、地方先贤、方言词曲、工艺美术、饮食风尚无所不有，试图从地域分类的角度完整展现岭南文化的风貌和精髓。在编写过程中，我们力图做到阐述对象的个性与共性相统一，学术性与通俗性相结合，图文并茂，雅俗共赏。我们希望这30种图书能够成为介绍和宣传岭南文化的名片，为岭南经济和文化建设的再次腾飞提供可资借鉴的精神资源。

需要说明的是，本书系曾获批为2009年度“广东省文化产业发展专项资金”资助项目，在项目申报和丛书编写过程中，广东省委宣传部的领导多次给予指导，并提出了许多宝贵的意见；中山大学、华南理工大学、华南师范大学、广州大学、韩山师范学院、佛山科学技术学院、韶关学院、嘉应学院以及暨南大学的有关领导和专家学者也给予了大力支持和帮助，在此我们一并致以诚挚的谢意！

《岭南文化书系》编委会

2011年6月18日

客家文化丛书·序

在岭南三大民系中，“客家”被称为汉民族中的“吉普赛”。晚清诗人黄遵宪对此曾作过诗意表达：“筚路桃弧辗转迁，南来远过一千年。”在岭南，相对于位居邻海平原的潮汕民系、坐拥肥沃三角洲的广府民系，客家民系就没那么得天独厚了，它们大都盘踞在山区丘陵乃至层峦叠嶂之中，所谓“逢山必有客，无客不住山”。而从民系的历史文化与语言风俗看，客家民系也与它们明显不同。客家学界有“大中华，小客家”的说法，其中强调的是作为民系及其历史和文化的客家与华夏民族及其文明的传承关系。诚如黄遵宪所吟诵的：“方言足证中原韵，礼俗犹存三代前。”

近三十年来，由于各种原因，在中国内地曾经一度沉寂的“客家”不断受到热捧，并涌现出大量的文章著作。但是，由于各自著述的动机与立场不一，加之学风机巧浮躁，致使本来对“客家”有些陌生的外界因此更加模糊。这种情形，一方面说明丛书编撰的重要性与迫切性，另一方面也为我们的工作增加了一定的难度。基于这一背景，为了保证丛书的质量，我们组织了一批不乏高度与视野，同时又对各自负责的选题有一定积累和研究，且能够充分体现嘉应学院在客家研究领域的水平与影响的作者阵容。对于丛书选题的提炼，则在避免每个选题之间简单重复与拼凑的同时，更多地考虑这些选题之间的内在关联及其对客家历史人文整体风貌的不同侧面展示，尽量覆盖客家的语言风俗、文化教育、山水自然、村落民居、饮食习俗、民间文艺、侨人侨商、足球体技等物质文化与非物质文化领域，并注意在内容展开过程中引带出能够体现客家历史人文内涵的标志性人物、事件和物象。同时，考虑到丛书的阅读对象与传播影响，在编撰风格上，我们力求雅俗共赏，介绍性文字简洁、通俗但不失生动，延展提升性文字具有一定的内涵。

丛书的出版，除了要感谢各选题作者付出的辛勤劳动，嘉应学院科研处、文学院（客家学院）、客家研究院等单位的关心和支持外，还要感谢广东省社会科学界联合会林有能副主席、暨南大学出版社徐义雄社长的理解和信任，特别是出版社史小军总编辑、李艺主任在编撰过程中提出的宝贵意见和建议。

邱国锋　曾令存

2015 年 5 月 30 日于梅州

目　录

绪　论

在展开本书内容之前，有必要先介绍一下书院及与书院相关的一些基本概念、客家（梅州）书院的研究状况，以及本书的主要内容、风格设计等。

一　几个相关概念

（一）书院

作为一种历史文化现象，有关“书院”的解释很多。从普及与推广角度看，季啸风主编的《中国书院辞典》的解释值得注意：

（书院）是中国古代的一种教育机构和学术研究场所。始于唐，兴于宋，沿至清末，历时千年，发展普布全国，多达数千所。

唐代开始有书院名。开元六年（718）官廷设丽正修书院，后改名集贤殿书院，为皇家藏书、校书之所。时私人隐居读书，或聚众讲学，亦有名书院者。如湖南李秀才书院、南岳书院、江西皇寮书院、义门书院、福建松州书院、四川张九州书院等。唐宋五代战乱，庠序不修，学者避居山林，创书院讲学授徒尤多。宋初由官府支持奖励，发展逐盛，规制日趋完善。其著者有岳麓、嵩阳、睢阳、白鹿及石鼓、茅山等，称为“四大”或“六大”书院。南宋随理学之兴起发展，渐成学派活动基地，如张栻于岳麓、朱熹于白鹿、吕祖谦于丽川、陆九渊于象山，遂有“南宋四大书院”之称。元代发展更为普及，由官府提倡，任命山长，授官给禄，几与官学相类。明初朝廷力兴官学，致使书院沉寂数百年，至成化年间始渐恢复。正德以后，随着王守仁、湛若水等学派的发展而愈加兴盛，且形成讲会制度。其时尤以东林为最著，因其裁量人物、讽议朝政，为当权者忌，酿成“东林事迹”，导致嘉靖、天启间朝廷四毁书院，然亦未能禁绝。清代严格控制，并加以利用，拨款兴建省城书院。各地竞相效仿，发展更加普及。但多课时文，成为科举业附庸。乾嘉汉学兴起，阮元创诂经精舍、学海堂，废时文，专课经史词赋，各地亦有仿效。甲午战后，梁启超等创办湖南时务学堂，至此书院制度告终。

书院制度始终与官学平行发展，相对独立。它继承和发展了古代私学的传统，也吸取了宗教和官学的教学经验，实行择师选生，提倡读书与修养并重，教学与研究结合，重视师承学派传统；它实施自学为主，辅以讲授、辅导和质疑问难、讨论答辩、会讲、讲会等多样的教学方式；且讲求风景与人文环境，多择山林与胜地营建学舍等；它创立了讲学、藏书、供祀的基本规制，建立学舍、学田、学规等基本设施及管理制度，并开展学术交流、图书出版和祭祀纪念等文化活动，成为地方文化的活动中心。它一般处于蒙学之上，以招收监生为主，亦或兼收童生，属于地方较高或高等教育层次机构。但也有属于族学、义学、私塾性质者；或专供祭祀纪念，不授生徒者；至晚期，亦有少数专攻武学、医学等专科性质者。又因教学方式的差别，而有“聚徒式”、“会讲式”、“考课式”的分别。这都反映了其多层次、多类型的特点。

由此可见，历史上，书院与中国文化教育密切相关。笔者根据相关资料统计，历史上的梅州，从北宋元符元年（1098）梅城第一间书院——元城书院的诞生开始算起，至清光绪二十二年（1896）丰顺县城北胜书院的建立，在过去近800年的时间里，梅州地区先后涌现出44间书院。

元城书院旧址（图片来源：《梅江私塾》）

（二）私塾、义学、社学、学宫

为了更好地认识与了解书院，以及中国历史上的文化教育类型与层次，这里我们综合有关资料，特别是梅州的方志史料，解释一下与书院相关的私塾、义学乃至社学、学宫等现象。

学塾，又称私塾、蒙馆、蒙学、门馆、书室、书斋、村塾等，是中国历代私学的一种。西周以后，官学逐渐衰退，私人讲学之风开始兴盛，至战国后日益繁盛。从经费构成看，学塾主要有如下三种类型：一是富贵之家聘师在家教读子弟，称坐馆或家塾；二是地方（村）、宗族捐助钱财、学田，聘师设塾以教贫寒子弟，称村塾、族塾（宗塾）；三是塾师私人设馆收费教授生徒的，称门馆、教馆、学馆、书屋或私塾。学塾是中国古代州、府、县属各乡堡的初等教育形式，其教育对象一般在12岁以下，以教导学生写字、诵读、简单作文为主，讲授内容主要是《千家诗》、《增广贤文》、《四书》等，涉及书信、浅近的婚丧喜庆礼俗等日常知识。据《梅江私塾》统计，历史上梅州城区先后共有学塾269间，像东郊三坑口留馀堂张氏的咏花书屋、下市攀桂坊人境庐侧后面的德赞楼私塾桐花书屋等，都是有名的私塾。

城东三坑口张氏私塾西农望岁居书屋

建于道光十四年（1834）。曾在该私塾读书、居住过的名人有光绪二十七年（1901）辛丑恩正科举人、福建长汀县令张衡皋，宣统二年（1910）进士、驻日本神户领事、曾资助过孙中山革命的张淑皋，著名化学家张资珙等。

义学，又称义塾，明清时期为民间孤寒子弟设立的教育机构，属于中下等教育形式。经费主要来自官款、地方公款或地租。从历史上看，早在宋代即有义学之名，但当时主要是以宗族为单位设立，而且基本限于教导本族子弟。至清代，由于政府的提倡而广为设置，成为清代蒙学的一个组成部分。义学主要讲授四书五经、诗词对联等浅显内容，学生仍以读、背、写为主。南宋末，蔡蒙吉创建松源堡义学，供乡间儿童启蒙读书。这是梅州历史上最早设立的义学。据统计，清末废除科举前，梅州先后有义学 16 所，其中梅县 8 所，兴宁 1 所，大埔 3 所，丰顺 4 所。

社学，是元、明、清三代设立于城乡的地方学校，有官立、私立等多种形式。元代五十家为一社，每社设立一所学校，择通晓经书者为学师。朱元璋即位后，于洪武八年（1375）命地方政府在各地建社学，教授民间子弟。清初朝廷令各直省的府、州、县置社学，每乡置社学一所。社学的入学年龄，一般在 8 岁至 14 岁之间，教育内容与学塾差不多，特别强调讲习冠婚丧祭之礼，使学童自幼懂得封建社会的礼仪制度。清代规定 15 岁以下的儿童为社学的教育对象。历史上梅州最早的社学，是南宋庆元元年（1195）知州刘焕创设的小学四斋。明宪宗成化十七年（1481），知县刘彬在县城附近东、西、南三处设东社学、西社学、南社学各 1 所：东社学在攀桂坊东桥左面神霄宫旧址，西社学在城西门外街右面，南社学在城西南二里上坎头。清嘉应州知县王仕云将刘彬在城东四里周溪建的濂溪书院（即周溪书院）改为北社学。到了清朝，嘉应州已有“十室之邑，必有一校”之说，州内各县除学宫和书院外，都办有社学，多达 32 所（据刘伯骥统计），其中梅州城区最多，有 15 所，其次是大埔，有 8 所。

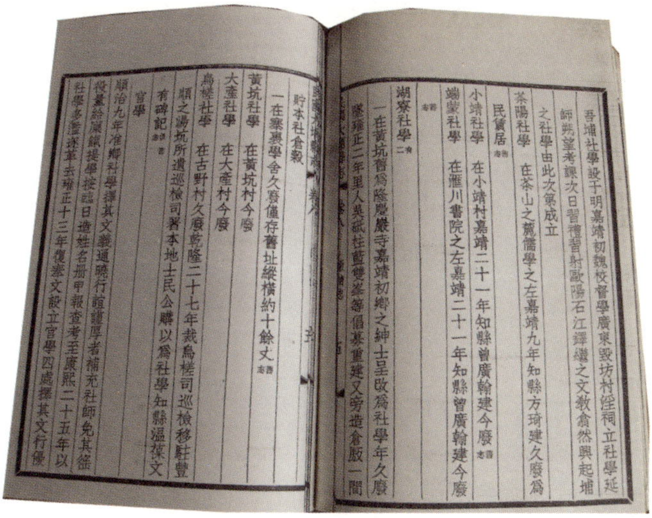
吾埔社學設于明嘉靖初魏校督學廣東毀坊村淫祠立社學延
師教童蒙課次日習禮習射歐陽石江鐸繼之文教翕然興起埔
之社學由此次第成立
茶陽社學　在茶山之麓儒學之左嘉靖九年知縣方琦建久廢爲
民賓居
小靖社學　在小靖村嘉靖二十一年知縣曾廣翰建今廢
端蒙社學　在雁川書院之左嘉靖二十一年知縣曾廣翰建今廢
湖寮社學
一在黃坑舊爲隆慶巖寺嘉靖初鄉之紳士呈改爲社學年久廢
雍正二年里人吳砥柱藍雙峯等倡募重建又旁造倉廒一間
貯本社倉穀
一在寨裏學舍久廢僅存舊址縱橫約十餘丈
黃坑社學　在黃坑村今廢
大產社學　在大產村今廢
烏槎社學　在古野村久廢乾隆二十七年裁烏槎司巡檢移駐豐
順之湯坑所遺巡檢司署本地士民公購以爲社學知縣温葆文
有碑記
官學
順治九年准鄉社學擇其文義通曉行誼謹厚者補充社師免其徭
役量給廩餼提學按臨日造姓名冊甲報查考至康熙二十五年以
社學多濫竝革去雍正十三年復崇文教立官學四處擇其文行優

大埔县志有关本地社学情况的记载

学宫，又叫孔庙、文庙、先师庙，是历朝祭孔的庙宇和管理儒学的机关。据百度百科介绍：“学宫”一词最早在西周时期已经出现，与后世经常使用的“辟雍”一词意义相同，是周天子设立的大学，专门教授国子和贵族子弟。但在汉魏孔庙建制后，“学宫”的意思发生了转变，开始泛指官学，即历代王朝的地方官办学校，尤其指明清之际府、州、县的地方官办学校，并且官学与地方孔庙共同组成了一个特殊的建筑群类型——庙学建筑，孔庙成为学校的信仰中心，学校成为孔庙的存在依据，这种合二为一的庙学亦称“文庙”。地方学宫的基本设计是，明伦堂居中，前部左右设东厢房和西厢房，堂后为尊经阁或藏书楼，堂前设儒学门和仪门两道。除此之外，许多地方官学中都有斋舍、儒学署、教谕廨、教授厅、敬一亭、洒扫公所、会馔堂、库房、射圃亭或观德亭等建筑，还有一些地方将文昌祠、忠义孝悌祠、节孝祠等建于学宫中。因此，学宫常常集祭祀以孔子为代表的先儒、先贤，讲学与训导等为一体，讲授内容除了四书五经、诗词对联外，还涉及策论、法律、经济等，是古代地方高级教育机构。历史上，梅州各县均建有学宫，其中至今仍保存比较完整的有梅州学宫（即现在的孔庙）、兴宁学宫和五华学宫等。

梅州学宫（1104）

这样，书院与私塾、义学、社学、学宫等构成了中国古代教育相对完整的体系：

学 宫
⇧
书 院
⇧
◆办学层次：由低级到高级　　社 学　　◆办学性质：由私学到官学
⇧
义 学
⇧
私 塾

以上教育形式，既相互关联又相对独立。私塾、义学乃至社学、书院均为讲学场所，界线有时并不很清晰，如历史上嘉应州城的东、西、南、北社学，均为明知县刘彬主事嘉应州时所建，其中建于明弘治二年（1489）的北社学，开始为周溪书院，至清康熙十二年（1673），方被知县王仕云改为北社学。又如建于明嘉靖二十六年（1547）的大埔汇川书院（在三河坝），左边便是建于1542年的端蒙社学。清朝初期，满族入主中原，为了防止汉人群聚结党，复活民族思想，对书院人才培养并不信任，极力抑制书院发展，下令将各地书院改为义学，代替行使书院的教育功能。如建于清嘉庆十六年（1811）的兴宁墨池书院，早期便是兴宁义学。嘉应州知县王吉人于清康熙二十二年（1683）倡建的培风书院，早期门内左右各五间均是义学。

但严格意义上的书院，应该具备藏书、讲学和祭祀三大基本功能，这显然是学塾、义学、社学等不可能有的。另外，书院一般建在州（县）一级，而学塾等几乎遍布下面的乡村、家庭。事实上，正如有的研究专家所说的那样：在中国古代，书院已属于高等教育范畴，它既是学校，同时又是学术团体与研究机构，而私塾、社学、义学则基本上还是初等（基础）教育形式，其作用主要是对生徒灌输与训练识字、日用常识、基本伦理和行为规范等。

（三）书院与学宫

这里想多说几句的是书院与学宫的异同。学宫是中国古代与地方建制同时开设的文化教育机构。古时地方建制必立学，立学必祀孔子，因此学宫也称“儒学”。学宫文庙关系到文教，因此，“凡官兵人民经过，务须下马”，并禁止在学宫内停放马匹及其他牲畜。学宫的文化至尊地位由此可见一斑。学宫虽然具有藏书、讲学和祭祀三大基本功能，但所谓“学在官府”，学宫一开始即是官学，并一直沿袭下来，归属于官府，设计上具有明显的庙（孔庙、文庙）学（学校）结合色彩，在管理上更是典型的政府行为，而且其命名还受制于等级和地域。以五华长乐学宫为例，该学宫始建于宋朝，现存学宫由照墙、棂星门、泮池、戟门、大成殿、东庑、西庑等建筑组成，其中棂星门为近年重建建筑，其余均为清同治六年（1867）重建之物。学宫建筑群四周建有宫墙，成合抱之势，将各建筑单体包围其中形成院落。宫墙正墙外侧正中刻有“宫墙万仞”，内侧正中镶嵌有麒麟吐玉书浮雕一块，两侧分设东仪门和西仪门。棂星门是六柱三间重檐冲天式，方形石柱上面立有石狮，石柱前后有抱鼓石抱夹。泮池呈半月形。泮池中间架有一座石质拱形泮桥。戟门是抬梁式木架构，硬山顶，黄色琉璃滴水瓦面，正脊置有鳌鱼吻兽，中立宝瓶。正门是朱红色木质门，两侧立有石鼓。梁与枋之间设有平身科（两柱头科之间斗拱）负重承托檐檩。左右两侧各设一拱门通向东西庑。东西庑是抬梁式架构，朱红色木墙，格子窗。长廊通面阔 9 间，进深 4.45 米。大成殿穿斗与抬梁式混合架构，重檐歇山顶，黄色琉璃瓦面，正脊设有双龙戏珠及鳌鱼吻兽。殿通面阔 5 间，进深 6 间，通高 10 米。殿前设月台，台基四周麻条石垒砌，台面四周设麻条石作护栏。檐廊顶为船篷状，檐柱与檩之间设斗拱，枋与檩之间设有狮子、祥云、仙鹤等不同图案的木雕斗拱，上下檐柱设有柱头科，重叠出跳。殿内由 24 条八角梅花石柱擎撑梁架，柱础为 8 瓣形须弥座式，柱间无装修，彻上露明造。殿之正堂设有香案、神龛及孔子塑像，塑像正上方挂有“万世师表”、“与天地参”和“斯文在兹”三块牌匾，神龛两侧立有四配塑像，殿堂前方两侧立有十二圣贤牌位。

长乐学宫·棂星门

长乐学宫·东庑

学宫不仅在形制格局和管理方面与书院有所不同，同时在功用与选址等方面也有其特殊的一面。学宫是地方学正（教育官员）讲学与训导生员的地方，也是地方官员举行祭祀、宣读圣谕、拜谒圣贤等政治文化活动的主要场所，具有明显的政治与文化色彩。因此，学宫选址与迁移大致属于官府行为，基本在官署附近，以便管理与使用。这与书院更多考虑其山水自然环境的情况明显不同。换句话说，学宫山形水势的考虑始终离不开政治（政绩）的背景。如梅州学宫，由宋徽宗崇宁三年（1104）知州藤元发初建于梅城西区，至南宋淳祐六年（1246）便迁到州署前的南门考院，即现在的凌风路。从历史上嘉应州城的版图格局看，学宫背靠金山顶（现在梅县博物馆所在小山头），面临梅水，其位置既得堪舆（风水）奥妙，又与州署浑然一体。康熙辛未（1691）春，江南太仓州举人曹延懿，任程乡令，下车拜谒圣庙，认为南门城楼角直指圣殿，不利文闱（科考），遂起建凌风楼，三檐八面。结果癸酉程乡得解元，共进四人，丙子科考上又上四人。而始建于宋朝的五华长乐学宫，更是随着历代长乐县治的迁徙而不断变迁、重建，最后于明成化五年（1469）在华城镇北面紫金山下（现在五华中学校内）建成，而历史上长乐县治也一直设在华城。值得一提的是，原建在学宫左面的文昌阁，至清乾隆十七年（1752）被长乐知县周煌从风水角度移建。当时周煌上任，主政长乐数月，阅遍该县文风并考察其山川龙脉形局，感叹道：长乐人文之所以不振，并不完全是因为读书人治学不努力，同时也与风水有关。他指出，县龙自西北来，壬脉入首，首出正中位置为县治所在地，左侧落为文庙，离紫金山太远，未免脱气，学宫依傍文昌祠，地处卑微，又与奎宿共二龛，非调整不可。周煌于是升奎宿于东门之楼，将文昌祠移至东南方，建高阁，阁外为龙门，龙门之前引泉建龙池。第二年，文昌阁建成后，周煌与邑中人士移步登阁，西望玳瑁诸山，感觉气象巍然森列，而其南则嵩螺秀峰，是县邦之重镇，若隐若现，超然云表，郁郁葱葱；绕出阁东门之外，极目之处，深远迷离，四时之景无不宜之。周煌认为移建的文昌阁不独为游览胜地，读书人置身其中，心旷神怡，吟诗挥毫，当文思泉涌。这对振兴该县人文大有益处。周煌以县官身份从风水感应角度对学宫的文昌阁进行移建，考虑更多的还是如何为官一任，振兴（文风）一方。

除形制格局不同外，书院和学宫的管理体系也大不相同，书院具有非常严格有序的管理机构。一般而言，书院的管理体系主要由山长（或称院长、洞主，别称堂长）、监院（地位仅次于山长的职事）、学长（相当于某门学科的教职，或主管书院教务行政的负责人）、斋长（协助山长从事教学管理工作）、讲书（负责书院经书讲解）、经长（负责为生徒解难析疑）、掌祠（负责书院祭祀活动的职事）、掌书（负责书院图书管理的职事）、书办（负责掌握书院各种经卷的职事）和会长（由学业优异的学生充任）等构成。书院这种庞杂有序的管理体系，对学宫来说几乎是不可能的。

二　客家书院研究情况

绵延千年的书院曾经是中国文化大观园中的一朵奇葩。历史上梅州的书院虽然不可与白鹿洞书院、岳麓书院等相提并论，但它对粤东梅州客家文化的生成与发展起到过重要作用。书院的藏书、讲学与祭祀，对历史上客家梅州民间崇文重教之风的兴盛与慎远追宗的中原礼俗的传承，均可谓举足轻重。然而始于 20 世纪 30 年代的客家研究，对历史上曾经遍布于梅地的书院（包括私塾等其他教育形式），一直没有给予足够的重视。这其中可能与大部分书院因年代久远等原因已遭损毁有关，但更主要的原因还是我们观念、认知的偏差，对书院文化价值缺乏深入的认识了解。

到目前为止，有关客家（梅州）书院的介绍和研究中值得注意的成果有如下几方面。

一是刘伯骥的《广东书院制度》（台北，1978）。清末废书院兴学堂后，书院已成为我国历史文化遗产的一分子，并于20世纪30年代出现了第一次研究高潮。当时还是中山大学文学院学生的刘伯骥，以考究广东书院的历史沿革为毕业论文选题，撰成《广东书院制度》一书。该书考察的重点虽不在梅州地区，但其对历史上梅州地区东山、崇实、墨池等客家书院相关史料的搜集、整理值得重视，如有关书院院舍情况、书院山长的学行与著述情况、书院招生情况、书院膏火（书院发给生徒的生活费）情况、书院教学内容与考试情况等。如清嘉庆二十四年（1819），培风书院共有文童（未考取秀才资格前的读书人）30名，书院分派给其中前15名的生活费分别是：第一名为1200文（1文钱=人民币0.2元），第二名为1000文，第三名为800文，第四至第十五名为600文。

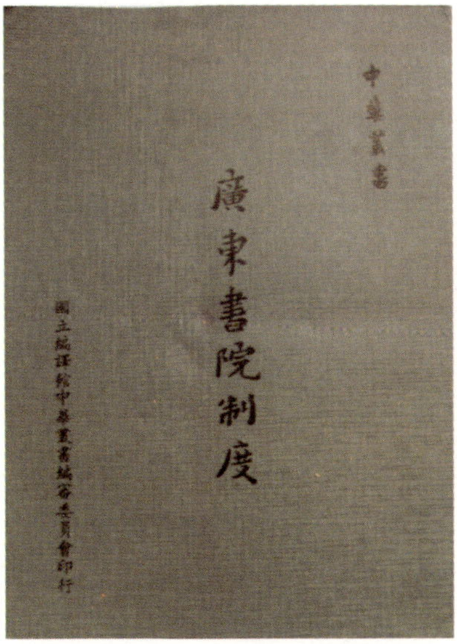

《广东书院制度》（刘伯骥，台北，1978）

二是季啸风主编的《中国书院辞典》（杭州，1996）。该书在“中国书院名录”一节中收录从唐代至清代全国各地有史料可查的书院共

7300 条，其中收录了梅州 7 个县的书院记录共 40 条（但误将湖南兴宁县的 13 所认为是广东兴宁的，张冠李戴，特此订正），并在每条下面简单介绍这些书院的创建时间和创建者。

三是有关的专题研究。近十年来，随着文化旅游产业的勃兴和城市文化建设的推进，以及对历史上梅州地区崇文重教的客家文化传统的挖掘，多年来被遗忘的梅州书院话题重新浮出水面，其中安国强的《刘元城被贬梅州草创书院记略》（《梅州日报》，2006 年 9 月 8 日），刘奕宏的《皇朝斜晖下的科举残梦》（《梅州日报》，2011 年 5 月 18 日），李锦让、黄玲敏、杜楚叶等的《梅州书院：传承“人文秀区”不绝文脉》（《梅州日报》，2012 年 2 月 22 日），杨草原、周涛的《广东梅州依托“文化之乡”开发客家“书院游”》（中国新闻网，2012 年 8 月 23 日）等，分别从不同角度介绍了历史上梅州地区书院的创办对文化传播、教育发展与人才培养的贡献，以及地方政府近年来从发展文化、旅游角度对梅州地区书院的挖掘、保护。另外，中共梅州市梅江区委宣传部编著的《梅江私塾》（内部交流资料，2014），通过翻阅大量方志和教育文献史料、寻访地方文化古迹与文化名人后裔、借助互联网技术等途径，再现了历史上梅州城区及周边的书院和私塾的历史，讲述了与之相关的名人逸事，形象地展示了历史上梅州崇文重教的情景。

《梅江私塾》（中共梅州市梅江区委宣传部编著，内部交流资料，2014）

不过近十年来最有代表性的研究还是李惠芳的硕士学位论文《客家地区梅州书院发展研究》（山东大学，2009）。文章首次对客家梅州地区的书院情况进行了比较全面的考察，勾勒了梅州区域内书院及其发展的基本轮廓，认为恶劣的自然环境、地方官员的重视、地方士绅和宗族势力的支持是促成历史上梅州地区书院教育发达的主要原因。文章还介绍了梅州地区书院的类型和教学内容、书院经费的来源及管理、晚清转型时期梅州地区书院的变革及留存情况，以及书院教育对今天客家地区教育事业的影响与启示。作者也不讳言因资料所限，文章对客家梅州地区书院的教学制度、教学方法和山长、学员等方面的考证很少甚至没有，对书院对本地区区域文化影响的探讨也不够深入。

近十年来有关客家（梅州）书院的研究，拓展了客家研究的视野和空间，丰富了客家文化内容，为客家研究开启了新思路、提出了新问题。但也还存在不少问题：介绍的路径与方法基本沿袭书院研究的一般模式，谈共性的多，从客家文化与教育角度挖掘不够；以还原历史本来面貌为主，多停留在史实与资料的整理介绍层面。另外，一些文章在资料搜集、整理过程中欠严谨，存在望文生义、不求甚解的问题，误导读者对客家书院的认识和了解。

三　本书内容及其他

首先要说明的是本书所指的区域范畴。“客家”地区在这里是特指历史上梅州的 7 个县：梅县、兴宁、五华、平远、蕉岭、大埔和丰顺，其中梅县包括现在的梅县区和梅江区。本书在这里用“客家书院”代称历史上梅州地区的书院，一方面是因为历史上梅州的这 7 个县，根据 20 世纪 30 年代客家研究大师罗香林先生的调研，均属典型的纯客（家）县。了解包括书院在内的历史上梅州地区的文化现象，对我们认识与把握客家文化具有重要意义。可以说，历史上梅州地区的书院在客家文化崇文重教传统形成的过程中曾起过重要作用。另一方面是因为 20 世纪 90 年代以后梅州在客家学界的影响，即梅州被公认为是全世界客家人最集中的聚居地，是全世界客家人“大本营”，被称誉为“世界客都”。“客家书院”的称谓可以说是客家学界对梅州这一自然区域的文化地位的确认。

其次是关于本书的内容与风格及其他一些问题。内容方面，本书将延续对客家书院研究中的一些常识性话题的介绍，如历史上梅州书院的基本情况，包括书院的分布、兴起与发展原因，书院与近代梅州文化教育转型的关系等，但角度会有些不同。同时，基于丛书编纂的宗旨，一般书院研究中的专题性问题本书将不再展开，包括书院的历史沿革、书院的管理、书院的经费筹措等，而侧重在中国传统文化，特别是岭南文化、客家自然环境的背景下，从历史上梅州的书院创建与发展事实出发，介绍其对客家文化的形成与发展、梅州本土教育的兴起与发展、人才培养，以及民风教化等的影响。另外，本书结合现实，对如何更好地保护、传承客家书院文化遗产，促进地方文化建设提出一些思考。在风格追求方面，本着丛书普及的宗旨，本书尽可能融简洁性、通俗性、可读性、学术性为一体，追求雅俗共赏。

最后需要说明的是有关本书资料的来源及处理方式。其中资料来源主要包括以下几方面：一是历代地方史志中的相关记载，二是有关书院的研究资料，特别是 20 世纪以来有关历史上梅州书院的研究成果，包括纸质印刷资料和互联网发表（或转载）的资料。三是近年来一些与书院有关的文化教育读物（包括已出版和内部交流的）。考虑到丛书整体风格的设计，本书对以上资料的征引与参考，在书中不再另外一一注释清楚，而统一集中体现在本书后面的参考文献中。书中图片来源，除了特别注明的外，其余的均为本书作者所摄。

第一章　历史概况

本章主要介绍历史上梅州地区书院的分布情况，重点介绍一些比较具有代表性的书院，以及历史上客家书院兴衰的原因。

一　分布情况

（一）数据统计

历史上梅州地区到底有过多少所书院？从目前已有的相关成果看，由于各自所能掌握的资料，对书院的认定标准与统计角度等并不统一，因此统计数据也不一致。如刘伯骥的《广东书院制度》（1978）统计为 22 所、梅州市地方志编纂委员会编制的《梅州市志》（1999）统计为 24 所、李惠芳的《客家地区梅州书院发展研究》（2009）统计为 49 所（列表显示 37 所，其中兴宁 13 所资料源自季啸风主编的《中国书院辞典》，均有误）、罗国兵的《清末梅州教育研究（1902—1911）》（2009）统计为 28 所。

在撰写本书的过程中，笔者在综合以上资料的基础上，结合书院名称、创建年代、书院选址、书院性质及书院创建人等五个要素，借助各种地方文献史料进行进一步查核，按照符合以上五个要素中的三个的标准进行统计，认为从 1121 年至 1896 年，历史上梅州地区先后创建的书院有 44 所。具体情况如下：

客家（梅州）书院情况一览表

编号	书院名称	创建年代	地址	性质	创建者
1	元城书院（梅城书院）	宋宣和三年（1121）	梅县	官立	谪臣刘元城
2	神童书院	明永乐年间	梅县	民间	举人蔡克弘
3	周溪书院	明弘治二年（1489）	梅县	官立	知县刘彬
4	双忠书院	明嘉靖元年（1522）	梅县	官立	督学魏校
5	锦江书院	明天启元年（1621）	梅县	官立	知县林欲昂
6	松江书院	清顺治九年（1652）	梅县	民间	乡贤李士淳
7	七贤书院	清顺治二年（1645）	梅县	官立	知县戴长治
8	先贤书院	清顺治十年（1653）	梅县	民间	乡贤李士淳
9	立诚书院	清顺治年间	梅县	民间	乡贤李士淳
10	培风书院	清康熙二十二年（1683）	梅县	官立	知县王吉人
11	九贤书院	清康熙三十四年（1695）	梅县	官立	知县曹延懿
12	义学书院	清康熙二十五年（1686）	梅县	官立	知县王吉人
13	程江书院	清雍正十一年（1733）	梅县	官立	知州王元枢
14	东山书院	清乾隆十一年（1746）	梅县	官立	知州王者辅
15	培南书院	清乾隆十一年（1746）	梅县	官立	知州王者辅
16	培风书院	清乾隆十五年（1750）	梅县	官立	知州王之正
17	梅东书院	清光绪元年（1875）	梅县	民间	邑人公建
18	崇实书院	清光绪五年（1879）	梅县	民间	邑举人黄鸾藻、张麟宝等
19	探花书院	明嘉靖十五年（1536）	兴宁	官立	知县方述鼎
20	汪公书院	清顺治初	兴宁	官立	不详
21	文昌书院	清康熙九年（1670）	兴宁	官立	知县刘贵荣
22	韩苏书院	清乾隆四年（1739）	兴宁	官立	知县施念曾
23	墨池书院	清嘉庆十六年（1811）	兴宁	官立	知县仲振履
24	养正书院	清嘉庆十六年（1811）	兴宁	官立	不详
25	文峰书院	清嘉庆十七年（1812）	兴宁	官立	知县仲振履
26	东山书院	明隆庆五年（1571）	五华	官立	按察使张子宏
27	金山书院	清乾隆二十年（1755）	五华	官立	知县戴琪
28	三江书院	清光绪二十年（1894）	五华	民间	士绅古海帆、李星楼、张笃臣、古芸史、陈星坡等

（续上表）

编号	书院名称	创建年代	地址	性质	创建者
29	昌黎书院	清康熙年间	蕉岭	官立	知县蒋弥高
30	方正书院	清康熙十四年（1675）	蕉岭	官立	不详
31	四贤书院	清康熙年间	蕉岭	官立	知县程梦简
32	桂岭书院	清乾隆十年（1745）	蕉岭	官立	知县陈必元
33	湖山书院	明崇祯十三年（1640）	大埔	初为私办，雍正年间改为官立	不详
34	汇川书院	明嘉靖二十六年（1547）	大埔	官立	知县曾广翰
35	茶阳书院	明嘉靖九年（1530）	大埔（县东二里）	官立	知县方琦
36	茶阳书院（新）	清道光九年（1829）	大埔（神泉公馆旧址）	民间	合邑官绅
37	启元书院	清同治十二年（1873）	大埔	官立	总兵方耀
38	安墩书院	清乾隆十一年（1746）	丰顺	官立	知县葛曙
39	鹏湖书院	清乾隆五十七年（1792）	丰顺（安墩岭麓）	官立	知县秦泰与诸邑绅
40	蓝田书院	清道光二十七年（1847）	丰顺	民间	邑绅丁日昌
41	鹏湖书院	清同治九年（1870）	丰顺（原丰顺粮仓旧址）	官立/民间	知县冯宝封倡同县绅
42	北胜书院	清光绪二十二年（1896）	丰顺	官立	知县刘钰
43	毓秀书院	清光绪年间	平远	民间	举人李廷东
44	凤山书院	清乾隆三年（1738）	平远	官立	知县龙廷标

（二）历代沿革

历史上客家梅州地区书院的创建与发展，与当时全国尤其是广东的情形大致同步。中国书院虽始于唐代，但当时并未普及。在岭南，至北宋初，文风依然微弱，直至南宋之后，随着官学的衰落与程朱理学的兴起，私人讲学之风渐盛，书院才逐步发展起来。据邓洪波统计，北宋、南宋两朝320年（960—1279）间，全国有史可查的书院共515所，其中广东有39所，而梅州地区便有1所，即元城书院。元城书院是北宋宣和三年（1121）的谏议大夫刘元城谪居梅州时倡建的，比后来著名的惠州丰湖书院还要早133年。需要说明的是，刘元城是当时被贬到梅州的名儒，其创建书院与程朱理学并没什么关系，换句话说，程朱理学的影响主要还是在刘元城死后。刘元城主要还是希望通过书院讲学推动当地教育的发展。

北宋谏议大夫刘元城（1048—1125）

元代，书院规制逐渐完善，但多是官立。元朝不到100年的时间（1271—1368）内，据邓洪波统计，全国有史可查的书院共406所，其中广东有9所，梅州几乎没有。这一方面是因为南宋末年以来战乱频繁，民不聊生，无暇顾及文化教育；另一方面则与元代统治者“置（南人之儒）于倡丐之间”，对岭南汉人种族歧视，岭南汉人“誓不仕元”的情形有关。

至明代，广东书院的正式创兴渐盛。刘伯骥认为，400多年来的书院制度对广东的影响，在明代主要是培植理学风气。据邓洪波统计，明代277年（1368—1644）间，全国共有书院1962所，其中广东占了207所，仅次于江西（270所），成为当时书院最发达的地区之一。从现有资料看，明代梅州地区书院共有8所，其中明孝宗弘治二年（1489）知县刘彬创建的周溪书院、明嘉靖十五年（1536）兴宁知县方述鼎创建的探花书院等都是当时有名的理学书院。另外，明嘉靖元年（1522）督学魏校为表彰刘元城和文天祥创建了双忠书院，明嘉靖九年（1530）大埔知县方琦在茶阳创建了茶阳书院，明嘉靖二十六年（1547）大埔知县曾广翰在三河坝创建了汇川书院，明隆庆五年（1571）长乐县按察使张子宏在华城创建了东山书院，明熹宗天启元年（1621）嘉应州知县林欲昂在下市新码头创建锦江书院，清顺治九年（1652）松口地方士绅李士淳创建松江书院于松口镇。这时期客家书院的发展，除了与明代国家奉行“治国以教化为先，教化以学校为本”的政策、将科举取士与学校教育紧密结合起来的大趋势有关之外，在广东，还与当时名重一时的理学大师新会陈白沙弟子、增城的湛若水致力讲学弘道，每到一处常建书院奉祀陈白沙，带动地方讲学之风、促进地方文化教育发展的情形分不开。我们在《乾隆嘉应州志》中可看到陈白沙曾撰文高度评价地方官员重修学宫以“立学教人”，创建社学、周溪书院以“教化风俗”的举措。

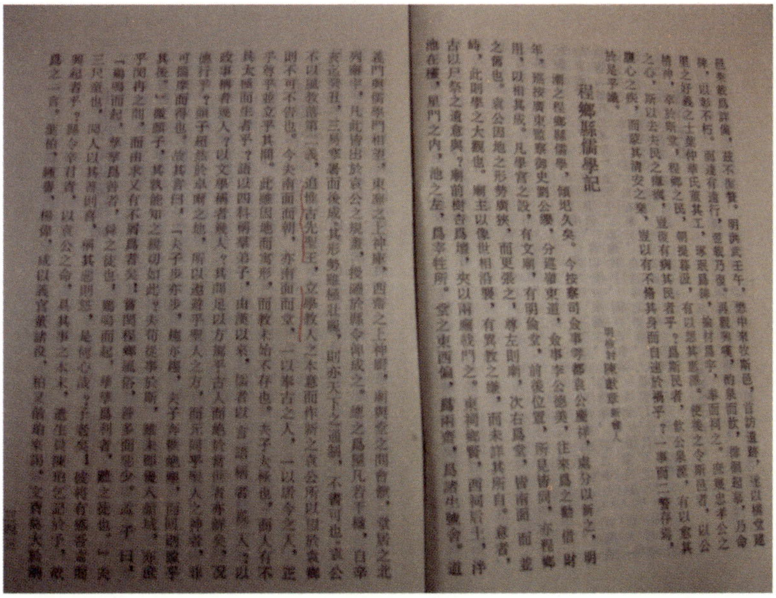

陈白沙《程乡县社学记》

清代268年（1644—1911）间，根据邓洪波统计，由于官方与民间力量的共同作用，全国共创建、复兴书院4365所，其中广东有531所，居当时全国之首。历史上梅州地区的书院也在这一时期迎来了大发展，计有32所。清朝200多年间，乾隆、康熙、光绪三朝分别是创设书院最多的时期，特别是有“太平盛世”之誉的乾隆时期。这与当时朝廷先后两次（雍正十一年即1733年、乾隆元年即1736年）鼓励、改变早期抑制书院创设的思想有关。另外，延续千年的科举制度的最后辉煌、不可阻挡的西学东渐的历史潮流、以乾嘉汉学为代表的清代学术的兴盛，都极其有力地促进了书院的发展。清代梅州地区的32所书院中有18所是乾隆之后创设的。这一时期比较有影响的书院有：清顺治二年（1645）嘉应州知县戴长治于州城东攀桂坊创建的七贤书院，清乾隆十五年（1750）嘉应州知州王之正在州城东北隅创建的培风书院，清乾隆十一年（1746）嘉应州知州王者辅在攀桂坊东山右麓创建的东山书院、在南口镇创建的培南书院，清光绪五年（1879）嘉应州邑举人黄鸾藻、张麟宝等呈请州宪严家畴拨款和集资在州城北岗文祠之右创建的崇实书院，清嘉庆十六年（1811）兴宁知县仲振履在神光山麓创建的墨池书院，清乾隆十年（1745）蕉岭知县陈必元在蕉岭镇山之麓创建的桂岭书院，清道光二十七年（1847）丰顺邑绅丁日昌创建的蓝田书院，清同治九年（1870）丰顺知县冯宝封倡同县绅在原丰顺粮仓旧址创建的鹏湖书院，清乾隆三年（1738）平远知县龙廷标在县署城隍庙右偏创建的凤山书院，清光绪年间平远举人李廷东在东石镇灵水村创建的毓秀书院，清光绪二十年（1894）五华士绅古海帆、李星楼、张笃臣、古芸史、陈星坡等在安流上游周、琴、棉三江汇合处倡建的三江书院等。

刘伯骥认为，宋代广东书院并不多，多属于先贤祠或者是私人讲学性质。元代广东书院虽为官立性质，但士子仍行宋制。至明代正德、嘉靖以后，受理学之影响，书院逐渐兴盛起来，虽私立居多，且独立于学校与科举之外，但士子仍须参加乡试，才得以出身。清代书院在学制系统上基本与明代接近。士子升格主要通过三种途径，即住书院、贡成均、应乡试。凡儒学出身者均可住书院、升大学。这时的书院设备，“较学校为优，订立课程，聘名师掌教，确能负起育才的责任”，因此赢得了社会的信任。其时广东的书院，“除其普通的地位外，还有高级的设置，看起来好像有两级，但原来是不相衔接，前者为儒学后的阶段，而后者则为乡试后的阶段，界限是很清楚的”。从上面我们勾勒的历史上梅州地区的书院发展状况看，情况大抵相符。

（三）区域分布

刘伯骥认为，在广东，宋朝书院的创建，主要是为了纪念被贬谪到这里的名儒，同时还与当时官员或名儒讲学的需要有关，因此那时的书院，或是寓贤经过的地方，或是名儒讲学的地方，以“人”为中心，精神追求比重比较大。但到了明清的时候，由于书院创建常被视为地方良吏的政绩，因此书院创建不再分文野，而以“地”为中心，书院的盛衰与膏火的充足与否密切相关，受地理环境制约比较大，物质因素考虑比较多。刘伯骥对广东书院分布的描述有助于我们认识和了解历史上梅州地区书院的区域分布形态。

在梅州地区目前有史可稽的44所书院中，从区域分布角度看，最多是梅县（包括现在的梅江区和梅县区），有18所，其次是兴宁，有7所，然后是大埔和丰顺各5所，蕉岭4所，五华3所，平远2所。这种情况，与梅县曾经是历史上梅州地区的政治文化中心、首善之区，聚集的人才相对比较多，文化教育比较发达等因素有关。梅县在历史上，南齐时称“程乡县”，宋元时改为“梅州”。清雍正十一年（1733）钦定为“嘉应州”，辖地包括程乡（梅县）、平远、镇平（今蕉岭）及以前为惠州所统的兴宁、长乐（今五华）。民国三年（1914），废州府制，梅州改名梅县。1949年10月设置兴梅专区，辖地增加丰顺、大埔。在此1000多年的历史沿革过程中，辖地总署始终设在梅县（历史上的嘉应州城）。因此其书院分布比较密集是可以理解的。

客家梅州地区书院的分布也与当地的名贤名宦的活动有关。名贤名宦对当地文化教育的重视、提倡，一定程度上推动了当地书院的创设与发展。如梅县的名宦刘元城（宋）、刘彬（明）、王吉人（清）、刘广聪（清）、王者辅（清）、王之正（清），名贤（邑绅）李士淳（清）、李象元（清）、张麟宝（清）、黄遵宪（清）；兴宁的名宦施念曾（清）、仲振履（清），名贤罗孟郊（宋）；丰顺的名宦葛曙（清）、名贤（邑绅）丁日昌（清）；大埔的名宦曾广翰（明）；蕉岭的名宦陈必元（清）等。

关于历史上梅州地区书院的区域分布，还有一点值得注意的是，除了梅县，其他县的书院大部分都创建在县城，极少在乡镇一级的地方，这与私塾、义学、社学遍布诸乡镇的情形不一样。其中原因，亦如前所言。少数创设在县城之外的书院，主要依靠当地名贤与乡绅，如明永乐年间创设在梅县松源的神童书院、清顺治九年（1652）创设在梅县松口的松江书院、清顺治年间创设在梅县松口的立诚书院、清光绪元年（1875）创设在梅县松口的梅东书院，均由当地名贤、翰林院编修李士淳及邑人倡建。而清光绪二十年（1894）五华安流的三江书院，则由当地士绅古海帆等倡建。

（四）选址布局

先讲书院选址。客家书院的选址与中国传统书院的情形大体相同，注重外部自然风景环境，同时也多少讲究风水感应。这种选址取向，一是因为书院的创建往往与士人潜心读书研究、修身养性、讲学切磋、追求超凡脱俗的精神境界密切相连。二是尊崇宋明理学的书院长期受禅林精舍的影响，对自然山水的清幽环境情有独钟。三是书院倡建者（也是读书人）认为书院建在山环水绕的风景名胜之地，气象天成，人禀其灵气，才思敏捷，下笔有神，有助于成就举业。因此客家书院不少都在山水地势很好的地方，无市井之喧，有泉石之胜。如梅县东山书院，前临东流而来、汇入梅江的周溪，后依缓缓崛起的东山岗，旁接古典的状元拱桥。周溪书院的选址及其气象更是别有一番景致，对此理学大家陈白沙曾作过这样的描述：周溪山势自北而来，迤逦南峰，四绕如城，远望不知溪发处，但见山东北隅流入，溶溶洋洋，横如陂陀之麓。上有曲池，状如片月。知县刘彬喜爱周溪之名，构堂于曲池之上最高处，画太极图于北壁，前作讲堂，左右为楼。居楼外凿二石井，谓之“天泉”，榜其门曰“周溪书院”。出周溪之门不远，过东云步桥，北折数百步，有山曰“云洞”，与太极堂东西相望，因开地作堂，寓之“云谷”之号。陈白沙另外还赋诗六首吟哦周溪之气象，其中佳句流传至今：“月色溪光荡两楹，酒醒开眼见蓬瀛”；“脚底飞云三万丈，随君不得到程乡”；“月下花边逐影行，还闻保处是溪声”；“水北源南秋更多，满川明月濯缨歌”。更有一首过目难忘：“咫尺溪光谷口分，谷中人语隔溪闻。明朝便下山亭去，溪上清风可送君。”尤为值得称奇的是，现有方志史料中并没有关于陈白沙来梅州的记载，但其对周溪书院胜景的描绘让人有亲临其境之感，颇似范仲淹《岳阳楼记》的神来之笔。此外，清嘉庆乙丑嘉应州进士李黼平（盘龙桥李屋人）也曾作诗赞赏书院环境“因山列翠屏”、“溪声当窗临”。建于明嘉靖二十六年（1547）的大埔汇川书院，坐落于三河坝凤翔山之麓，聚汀江、梅江、梅潭河之灵气，视野宽阔，气象万千。位于五华安流的三江书院，汇合三江（周江、琴江、棉江）之水，积聚灵秀之气，眼界开阔，气势非凡，清代廪生邹家骥（1874—1929，五华华阳人）曾赋诗咏赞："临江背岭构名亭，士集莘莘自佩青。十约烟云归壁画，三江风雨入窗屏。校书开阁藜分照，作赋登楼酒半醒。彩笔探天谁领取，美人我欲赠芳馨。"其他如梅县松江书院、蕉岭桂岭书院、兴宁墨池书院等，选址都讲究山水相宜，藏风聚气。

大埔汇川书院面临三河坝

（图片来源：http：//pic. sogou. com/d? query =% C8% FD% BA% D3% B0% D3% B9% C5% BB% E3% B3% C7% B7% E7% BE% B0&mood = 0&st = 255&picformat = 0&mode = 255&di = 0&p = 40230500&dp = 1&did = 15#did14）

再讲书院建筑布局。客家书院的建筑风格丰富多样。如梅县东山书院是"重檐歇山顶"式的书院建筑；兴宁墨池书院是堂屋结构；蕉岭桂岭书院的整个建筑为三层宫殿式楼宇；平远毓秀书院是典型的四合院，是客家民居式土木平房建筑；凤山书院旧为知县何宽专祠；大埔新茶阳书院旧址是公馆（一为神泉公馆，一为潮州开元寺右大埔公馆）；丰顺蓝田书院居中的地方为文庙，左侧为德政祠，右侧为崇善祠。这些书院建筑风格的设计，在继承中国传统书院建筑的风格的同时，又注意结合客家梅州地区的地理环境，因地造势，表现出客家建筑风格特性。至于书院内部的布局设计，主要包括讲堂、斋舍、书楼、祠堂等，贯穿书院的中轴线，建筑群整体格局遵循纲常礼教的秩序，其中每个殿堂厅房的位置、大小、装饰等，均严格服从于纲常礼教的秩序。这种情形在梅县东山书院表现得尤为典型。该书院是典型的“三进式”建筑风格：正楼三间，大堂三间，头门三间，左右书房（也作斋舍）各一列，整个书院内部的布局以后面的魁星阁为轴线，两边对称，井然有序。客家书院的这种建筑风格，体现其世俗追求的一面。诚如一些书院研究者所说：在风景秀丽的地方修建秩序严谨的书院，生动、形象地体现出儒家文化的双重性：既追求脱俗高洁的精神人格，又关注当下世俗社会。另外，为凸显自己的高贵“身份”，书院都喜欢将朝廷或名贤名宦的赐匾、赐书，特别是皇帝的御书匾额悬挂在最显眼的地方。

东山书院斋舍

二　兴衰原因

就岭南三大民系的地理分布而言，客家民系确实没占什么地利。所谓“逢山必有客，无客不住山”，历史上客家人基本上居住在山区。因此，谈到历史上客家梅州地区书院兴衰的原因，不少文章都认为与梅州“八山一水一分田”的地理环境有关，认为正是这种恶劣的生存环境使梅州客家人崇文重教，大力发展教育。但这只是问题的一方面，或者说这种表述只说对了一半。其实，客家地区崇文重教蔚然成风，另一方面，恰恰是客家地区文化教育发展起来后客家人反思自身生存环境与寻找生活出路的结果。而作为对客家梅州地区文化教育兴起与发展功不可没的书院，它的发展主要有两方面的原因，一方面与整个中国书院发展的历史大趋势分不开，尤其是与历代地方官员的重视密切相关，另一方面则与当地乡绅及热心人士的共同努力有关。下面我们主要从这两方面介绍历史上客家梅州地区书院兴衰的原因。

（一）历代地方官员的重视

从前面的“客家（梅州）书院情况一览表”看，历史上客家梅州地区 44 所书院中，官立的有 32 所，民间创建的有 10 所，官府与民间合力创建的有 2 所。官立的占了 3/4，这一数字充分体现了地方官府对书院建设的重视。客家书院这种以官立为主的现象，也与本地经济欠发达、邑人难有余资，以及本土硕儒少、聚徒讲学难成气候等原因有关。

宋元之后中国书院官学化倾向日益凸显，换一个角度说，就是地方官员对书院建设与发展非常重视。这其中有三方面的原因，一是历史上的地方官吏，基本上是儒官，仍有读书人本色，关注文化教育、开通民智大多可说是出于本能。对于教化普及比较迟的岭南，这些官员更是投之以热情。二是到了明清以后，地方知府知县莅临郡邑，多以创建书院为良吏政绩的象征。三是与当时统治阶级的思想认识及相关政策有关。如明代推行“治国以教化为先，教化以学校为本”的国策，“内设国学，外设郡学及社学，且转宪臣以董之”。这种思想认识对推动包括书院等在内的教育发展具有重要意义。另外，在生活上，朱元璋即位之初，还规定地方学校师生“月廪食米，人六斗，有司给以鱼肉”，国子监生员更是“厚给廪，岁时赐布帛文绮、袭衣布靴。正旦元宵诸令节，俱赏节钱”。国家筹备专款解决学生的学习生活问题，以让学生安心学业，由此在全国出现“无地而不设之学，无人而不纳之教”、全民办教育的气象。

这种发展书院的大趋势，亦可看作是对历史上客家梅州地区的书院兴衰缘由的一种解释。当然，客家梅州地区书院的创建与发展，也多少与其特殊的政治地理位置有关。史料记载梅州地区自隋唐五代以来，“荆榛未辟，瘴雾迷人”，是历代贬官迁谪之地。历史上，瘴雾迷人、文化落后的岭南，一向是仕途失意官宦的贬谪流放之地。从北宋哲宗元符元年（1098），谏议大夫刘元城贬谪梅州，于城内创建书院，聚士讲学开始，延至明、清，不少贬谪梅州的朝廷官员，都将自己的理想寄托在振兴当地教化育人之中，并以此转移因仕途不得志带来的落寞心情。清乾隆十一年（1746），嘉应州知州安徽天长人王者辅在攀桂坊东山右麓倡建东山书院，同时在南口镇倡建培南书院。王者辅早年（清雍正六年，即1728年）授任广东海丰县令期间，勤政爱民，治邑如理家。王者辅生性耿介，憨直不屈，被称为“怪尹”。后因触怒上官，被判监禁4年。出狱后，被广东巡抚延请入幕，巡抚以人才保荐，王者辅才得以发往甘肃军前效力，并立功。清乾隆元年（1736），王者辅以军功授固安（今河北省）县令后依然不改刚直之性，被称为“铁匠”。王者辅平素俭约，每餐仅一个菜，外出常以烙饼裹胡葱充饥。清乾隆二年（1737），升为顺天府（今北京）同知（知府的副职），王者辅立书院，建营房，政绩辉煌。清乾隆五年（1740），王者辅升迁为宣化（今河北省）知府，却因“执法不阿，为揭帖所陷”，于第二年降职至广东，任惠州知府。清乾隆九年（1744），王者辅补授嘉应州知州。到任之初，王者辅见历年积案2000余宗，即明咨暗访，在任内基本查清积案，并妥善处置。清乾隆十一年（1746），王者辅支持整修状元桥，并倡建东山、培南两书院。此外，王者辅还迁建千佛塔，兴建城北窖溪、合溪坝二桥，造福乡民。后又因文武官僚不和而失官。清乾隆三十七年（1772）前后，王者辅又因办案差错，谪戍吉林。王者辅一生好读书，著述颇富，可惜在吉林时因家中失火，所著大都遭焚，连仅留存的一部由其好友蓝鼎元等校订的《读书记事》，后亦亡佚。王者辅的流放生活持续了8年。清乾隆四十四年（1779）左右王者辅在吉林去世，身后别无长物，仅余藏书75柜。像刘元城、王者辅这些儒官的个案很有代表性，对我们了解贬官与客家梅州地区书院的历史，具有启发意义。

东山书院旁边的状元桥

即便是正常就任的历代地方官，如刘彬、刘熙祚、刘广聪、曹延懿、王仕云、王吉人、王之正、戴琪、周克达、仲振履等，也很重视书院建设，发展文化教育。如：

明成化十五年（1479），江西永丰进士刘彬为程乡令，忧念百姓疾苦，端正读书人习气，建周溪书院以讲学，捐出俸余以买学田收租，供东、西、南三社学之费。

明嘉靖二十六年（1547），大埔知县曾广翰在大埔三河坝倡建汇川书院。

明崇祯八年（1635），江南武进举人刘熙祚任兴宁知县，首建书院，并召集众多士人来书院讲学，兴宁人文顿起，政教一新，学使由此奏请提兴宁为中县，兴宁学额也从此逐渐增加。

清康熙二十七年（1688），山东邹平人刘广聪（进士）任程乡县令后，增修七贤书院，延请侯汝耕讲学，一时从游者，户外履满。

清康熙三十四年（1695），江南太仓州举人曹延懿任程乡令，下车拜谒圣庙，他感觉这种格局气象不利科考，遂起建凌风楼。并祀周濂溪、王文成于七贤祠，改为九贤书院。曹延懿还添建义学，每月两课，亲授生徒，自辰至酉而后散，程乡文风由此大振。

清雍正十二年（1734），江南宣城拔贡施念曾任兴宁知县，莅任数月，政治一新。乾隆元年（1736），朝廷以其现任者身份继供原职。

施念曾见县学宫万仞坊前沟水汇积，乃开半月形大池，再于池外挖一沟渠，疏透污水于关外，从此学宫泮池水渐清。此外，施念曾还鼎建义学旧址，奉祀韩文公、苏文忠公，题额曰“韩苏书院”。

清乾隆十五年（1750），知州王之正倡修《嘉应州志》，并改建城内东北隅双忠书院为培风书院，祀九贤神像于楼上，定名为九贤祠。为解决书院膏火资费问题，王之正还捐银400两，买城西街第五甲尾铺3间各2栋，其中2间并带地基，每间租银8两，每年分四季交纳。

清乾隆二十年（1755），时任长乐（今五华）知县戴琪，在县署（华城）北门外禅定寺左修复并重建金山书院。

清乾隆四十四年（1779）九月，新任镇平知县周克达，即以培风劝学、因时草创为守土之责。周克达见前任县令建课艺斋十间，日久倾圮，于是与当地学博郭君筹谋移置于镇山之麓。移建银资无着落，又集合地方绅士商议，并遴推举人何清凤、邱鸣岐，贡生古声扬、董其役，选地于城隍庙侧，择日开工。诸君昼夜忘疲，终于次年（1780）五月竣工，并改为桂岭书院。

清嘉庆十六年（1811），兴宁知县仲振履重修韩苏书院，并改名为墨池书院；重修罗探花祠，并以祠设探花书院；又改水口司公馆为养正书院，翌年又改名为文峰书院。

清光绪二十二年（1896），丰顺知县刘钰倡建北胜书院。

……

由此可见，虽然书院兼具官学与私学性质，但就客家梅州地区而言，历史上，没有地方官员的重视，书院的创办不可能有这样的景象。

（二）乡绅等地方人士的努力

不过话说回来，历史上客家梅州地区的书院，由当地乡绅等地方人士发起倡建的虽然不多，但从中我们还是可以看到乡绅等地方人士对客家书院发展的贡献。如上面提及的镇平县令周克达动议移建桂岭书院，若没有地方举人何清凤、邱鸣岐，贡生古声扬等人的积极响应，将是不可能的事。

关于历史上乡绅等地方人士对客家梅州地区书院发展的贡献情况，我们还了解到：

明永乐年间，庚子科（1420）举人蔡克弘在梅县松源创建神童书院，奉祀乡贤蔡蒙吉。

清康熙二十年（1681），大埔县合邑士民在茶阳神泉公馆旧址建新茶阳书院。道光九年（1829），大埔县合邑绅士又将（潮州）府城开元寺右旧大埔公馆改建为书院，前后两堂，上堂祀文昌帝君，左右两正间、两从屋，堂后仍有隙地，并置田租店铺以垂永久。

清道光二十七年（1847），中国近代革新家、“不世之才”丁日昌和各乡绅耆在丰顺汤坑倡建蓝田书院。

清光绪年间，平远县举人李廷东在东石镇灵水村倡建毓秀书院。

清光绪二十年（1894），地方士绅古海帆、李星楼、张笃臣、古芸史、陈星坡等在长乐（五华）安流上游周、琴、棉三江汇合处倡建三江书院。

而更重要的一个现象是，在书院讲习、教授生徒的，大多数都是德高望重、学富五车的乡绅等地方贤达。换句话说，没有他们的支持和贡献，作为文化传播与兴教育才的书院事业，同样很难发展起来。下面我们简单选几个有一定代表性的案例，让大家了解一下历史上乡绅等地方人士对客家书院的贡献。

1. 结缘书院的“岭南夫子”李二何

在推动客家书院发展的历史长河中所涌现出来的地方人士，最引人注目的是明清之际的通议大夫、吏部右侍郎兼翰林院编修李士淳乡贤。李士淳，号二何，1585年出生于梅县松口洋坑村祥安围。李二何生而颖异，孝顺父母，与兄弟友爱，十一二岁即能下笔成文。少年时父母长年在外教书谋生，如失怙恃，真所谓“无父何怙，无母何恃”（明《诗经》），“二何”一典即从此出。李二何早年读书于阴那山，常引范仲淹先忧后乐之语以自我砥砺，因寺前三棵古柏而名书室为“三柏轩”。明万历三十七年（1609），李二何在省城乡试中，高中头名举人，后开五龙馆教授生徒，四方来者，多所造就。适逢灾年饥荒，李二何捐出自己赴京会试津贴花银兑换官粟，赈济饥民。“为绅士倡，仍为邑令划发仓策，全活无数。”明万历四十七年（1619），李二何深感梅溪出口处“山川文峰欠佳”，募资兴建元魁塔，后十年方建成。崇祯元年（1628）中进士。明崇祯四年（1631），李二何任山西翼城县令，惠民训士，每月朔望亲往明伦堂，召集诸士讲学课文。他还捐俸130两建翔山书院，为生徒讲学，一时翼城文风大振，诸士多联翩科第，士中举人者20余人，其中6人登进士。邑人称颂李二何“开辟之功不衰”。当地士绅为此建李夫子祠以纪念。明崇祯八年（1635），李二何调任山西曲沃知县，又建乔山书院，捐俸100两为本县科举书生卷资，并一如任翼城县令时那样讲学课文。后曲沃一连三科考中榜眼，时人称誉李二何为“岭南夫子”。因治行卓异，李二何被“召入对策称旨，钦取第一，授翰林院编修，充东宫讲读六年”。明崇祯十六年（1643），分校礼闱（校阅试卷的考官），所选拔者皆为海内英才，“人益服其水监”。明崇祯十七年（1644），李自成入京，李二何与宫中太子朱慈烺等一同被俘，“身受刑笞，不污伪命，潜归故里”。南明隆武（1646）时，为詹事府詹事，奔走筹饷以盼复明。后来永历皇帝即位，李二何官拜吏部右侍郎兼翰林院侍读学士。清军入粤，李二何与赖其肖等人起兵于潮州，事败回归故里，筑室于阴那山灵光寺三柏轩隐居。历史上，粤东客家民间一直流传着这样一个故事：李二何当年护卫宫中太子朱慈烺逃离京城南下，太子后来眼看复明无望，在李二何劝说下于阴那灵光寺剃度出家，后又辗转至嘉应州城东郊深山古寺祥云庵。另外，流行于粤东客家民间的“太阳生日”这一民俗，据说也源于朱慈烺出家后于每年农历三月十九日举行的纪念其父亲崇祯皇帝殉国的祭祀仪式，此是后话。清顺治九年（1652），李二何卖田数百亩，“得价五百金，买地于梅州之松口”，重建松口书院，中建正堂3间，后起书楼1座，旁构院舍120间，每月朔望（农历初一、十五）即召集耆老士民，申明乡约，教化民风；“春秋则聚俊秀生童，课文讲艺，说诗敦礼，仁让相先，少长有序，仿昔人几塾里庠三物宾兴之制”。李二何还祈望“显官贵人，居士先达，大发继往开来之心，期立天地生民之命，倡议捐金，撮土成山”，以保障书院费用。清顺治十年（1653），李二何又于嘉应州城东攀桂坊倡建先贤书院，奉祀地方贤哲，以垂后世。据方志史料记载，顺治年间，李二何还在梅县松口倡建耆英讲院（即后来的立诚书院），讲学造士，从学者如云。李二何兄李士濂，号匪何，自弟中元魁直至步入仕途，严于律己，从不干预公务，乡里称其为理学名儒。匪何长子李椅承续伯、父之业，在松口建松溪书院，“有志力学之士，皆得肄业其中”。清顺治十二年（1655），李二何病逝于松口书院。李二何生前著有《阴那山志》、《三柏轩集》、《燕台近言素逸言》、《诗艺》、《古今文范》等，“所为古文，如健马脱缰，横行万里，不受控制。其序所著《古今文范》，尤注重于知人论世尚友”，为学者所宗。综观李二何一生，亦仕亦隐，但始终不忘办学造士。

2. “历主书院”的留馀堂张氏裔孙

在推动客家书院发展的地方人士中，值得关注的另一现象是嘉应州城东三坑村的留馀堂张氏。历史上的留馀堂张氏所属族系不仅是嘉应州城里的大氏族（攀桂坊张家围张氏望族），也是当时的“名族”。留馀堂创建至今不到200年，仅从第十七世至第二十世，即仅在1822年以后不到80年的时间里，张氏家族便出了七位举人。其中张其翰、张其翻兄弟同为举人（前者为道光壬午举人，后者为道光甲午举人），张其翰子张麟宝、张麟定也是举人（前者为咸丰壬子举人，后者为道光己酉举人），故后有“兄弟父子同登科”的佳话。史料记载留馀堂先祖读书中举后官至四品者两人（张其翰、张其翻），身后功名录入《光绪嘉应州志》者五人（分别为留馀堂开基祖张应谦及其子张其翰、张其翻，其孙张麟宝、张麟定）。清光绪十三年（1887），工部右侍郎广东学政臣汪鸣銮视学粤东，盛赞“粤东民物殷繁，人文极盛”。这期间留馀堂之书香翰墨显然给他留下了深刻印象。在其后来奏举张其翻为绩学耆儒之疏中，汪鸣銮称许当年的“学海堂名宿”张其翻“中岁谢官归（田）”后，“历主书院，成就后进甚多。地方利弊，遇事讲求于义利之辨，介然不苟”。这“历主书院，成就后进”，同时也不妨看作是对张其翻等留馀堂读书人在乡里“谨庠序之教，申之以孝悌之义”善行的一种褒奖。在100多年的历史岁月中，这些从留馀堂走出去的读书人，一方面官任他乡，造福一方，另一方面，卸任回归故里后，仍不忘回报乡梓，办义学，建书院，通民智。传说张其翻从陕西做官返乡，两袖清风，什么东西都没带，只带回许多的书籍和心爱的石头。《学海堂志》载在卢坤于清道光十四年（1834）督两广期间，推举学海堂专课生，张其翻居第二。清光绪十一年（1885），张其翻补为学海堂学长。张其翻另还曾掌教潮州韩山、城南书院，嘉应崇实、培风书院。在为《张彦高先生所著书序》中，汪鸣銮言及张其翻“中岁谢官归，专意撰述，今年且八十，精神强固，犹主坛席，为诸生讲述不倦”。张其翰次子张麟定，也就是留馀堂张氏的第二代举人，任湖北京山令期满后，即告病还乡，主持并主讲培风书院，并为培风书院两边大柱撰拟长联（见下文）；张麟定兄长张麟宝清光绪五年（1879）还在家乡与其他乡贤一起倡建崇实书院，效法学海堂，专课经史，以苏息民气。第十八世孙张麟安（岁进士）（张其翻之四子）当年亦曾主讲崇实、培风书院，张麟寯（张其翻之五子）曾为广州府学教谕兼东山师范学堂监督。张其翻子孙五代从事教育，历时约 140 年。近人梁启超曾云，自阮元于清道光四年（1824）在越秀山创设学海堂后，“学风大播于吾粤”，而作为现代学堂前身的书院之创设，从此亦于粤蔚然成风，让江浙士人从此对往昔被视为混沌蒙昧的百越之地亦刮目相看。而众多饱读经书的名士宿儒亦在书院言传身教以辅治教化，敦品励节，使始于私人讲学、曾经一度穷以应试科举的书院成为民间社会教育施行的主要场所。以此作为我们讨论留馀堂读书人用心于书院事业的背景，或许更能凸显其意义。历史上客家梅州地区的崇文重教之风气繁盛，而自明清后尤甚，此中不应忽略包括留馀堂读书人在内的知识分子之身体力行。中国历史几千年，知识分子处以求志，出必待时，一直恪守“穷则独善其身，达则兼济天下”的人生信念，时刻“居庙堂之高则忧其民，处江湖之远则忧其君”，通过修身、齐家、化乡、治国而平天下。这些，我们都可以从留馀堂读书人的身上看到。

3. 一屋六书院的兴宁坭陂进士第

在考察历史上客家梅州民间人士对书院发展的贡献时，还有一个值得介绍的个案是兴宁坭陂镇汤一村三槐堂（客家地区王姓的堂号之一）王氏对书院意义的另一种理解。这座始建于清乾隆二十五年（1760）、历经两代人建成的客家围龙屋，计有 300 间房、28 个天井、3 个主厅、2 个化胎、6 条巷屋、6 间书院、2 个禾坪、1 口池塘、1 个跑马场。围龙屋第二代、王萍宇之五子王杞薰武功高强，所使大刀重达 125 公斤，堪称“天下第一刀”。王杞薰于清嘉庆六年中辛酉科武进士，钦点为御前侍卫。“三槐堂”围龙屋从此改为进士第。虽以武进士受此荣耀，三槐堂王氏却仍视读书为根本，崇文重教，在主屋右边建了 6 间书院，每间书院均有 2 栋 2 厅 4 房 1 天井，北有斗门进出，西设一门与横屋相通，为六房子孙读书习武之所。6 间书院如一字连排，书院与横屋之间天街宽阔，长约百米，宽约 20 米，供子弟习武、嬉戏之用。源于“私学”的中国书院之功能，在进士第得到了最原生态的体现。这种情形，同时还表现在镶嵌于进士第全屋的联文上面。进士第全屋对联计 23 副，均自拟，并已世代相传沿用 200 余年。联文或记事，或劝勉，或抒怀，或描景，对仗工整，寓意深刻，彰显进士第人文脉络。如上厅：传家孝弟承先绪；华国文章启后贤。上厅下角：东鲁雅言诗书执礼；西京明昭孝弟力田。中厅上柱：念先人积善馀庆支分六脉熟为士孰为农孰工商贾正业维勤方无忝祖宗之遗训；在后嗣报本返始祀享千秋告以忠告以孝告以节廉大端不愧庶可称孙子能贤。内拱门：圣代即今多雨露；人文从此际风云。

三　相关书院

（一）元城书院

元城书院在城内东隅，是北宋左谏议大夫刘元城（1048—1125）于北宋元符元年（1098）所建，为梅州历史上第一所书院。刘元城，名安世，字器之，北宋魏（今河北大名东）人，曾跟从当朝著名文史家司马光。刘元城论事敬摄，屡以直言奸，时人目之为殿上虎，为当时奸臣章惇、蔡卞所嫉恨，并欲置之于死地，将其谪徙梅州。刘元城上任梅州后不久，即开设书院并招徒授学，并聘毛子羽为书院山长。据说苏轼兄弟的好友四川眉州巢谷先生曾来书院开坛讲学。苏东坡认为刘安世乃真铁汉。后人钦慕其贤，将其所建书院称为元城书院，将书院旁边的街道命名为元城路，并建“铁汉祠”以祀之。历代咏赞刘元城的诗文不胜枚举。明末清初翰林院编修李士淳乡贤在《重建松江书院序》中称赞道：“开辟全潮之山川者，昌黎韩公；开辟梅州之山川而绍昌黎公之芳者，元城刘公也。”清康熙十六年（1677），程乡邑令王吉人作诗《谒铁汉楼》亦推崇道：“中肠铁石气春生，傲雪孤忠千古盟。秀色参天连紫翠，高风与日并峥嵘。几回抗疏心如烬，九死挨南节愈贞。瞻仰仪型山在望，须眉宛照一江清。”

（二）东山书院

东山书院在攀桂坊东山右麓。清乾隆十一年（1746）由知州王者辅创建，是我国客家地区规格最高的“重檐歇山顶”式书院建筑。书院每年掌教修金、生徒膏火均由州官筹措。书院前临周溪，背依东山岃，旁接状元桥，“东山书院”匾为黄遵宪堂叔父、清末著名书法家黄基所题（据说原匾已在“文革”中损毁，现在所看到的这四字是后人仿黄基笔迹重新填描的）。书院建筑占地1642平方米，建筑面积为2655.5平方米，整体设计为“三进二横”结构，正楼三间，大堂三间，头门三间，左右院舍各一列。书院正主体是石柱台梁式结构，两横栋屋是砖木结构。中堂前天井坐东回廊檐下镶着清光绪元年（1875）进士出身的清朝礼部主事黄基为廉川三老弟的母亲八十一荣寿题写的金匾：婺焕南天。坐西回廊檐下镶着清乾隆三十八年（1773）嘉应蒋知州为国子监生李应茂题写的金匾：圜桥首选。中堂大厅后墙上方镶着清乾隆十一年（1746）知州王者辅为考上国子监的钟许题写的金匾：初步云梯。正面大柱上雕刻着爱国诗人丘逢甲为东山书院撰的长联：东下即天堑长江，淘不尽千古英雄，闲气钟人，伏处在草庐，谈道读经，海滨尚有无双士；山中知盛朝甲子，等养成一门将相，奇才应用，肃清遍寰宇，崇文尚武，儒行终能溢九州。长联气度不凡，志存高远。东墙上镶有两广总督张之洞为东山书院主讲黄莘田先生八十一寿华诞撰写的《寿序》。后堂第三层是魁星阁，供奉主读书人功名禄位的镀金魁星雕像。东山书院曾于清嘉庆二十四年（1820）毁于兵火，后于清同治四年（1904）重修。清光绪三十年（1904），黄遵宪在此兴办东山初级师范学堂，1912年在此基础上与城内务本中学堂、嘉应官立中学堂、梅东中学堂合并成立梅县公立中学，原址停止使用。1913年，叶剑英、冯懋度等师生、乡贤因不满梅县公立中学（1913年初改为省立梅县中学），离校回到东山书院旧址创建东山中学。在20世纪中国历史上，从东山书院——东山中学走出来的国家栋梁，除了叶剑英元帅，还有萧向荣将军、原全国政协副主席叶选平、原广东省委书记林若、曾毅院士等。“文革”期间，书院再次受到严重损毁。2003年11月，梅州市政府批准东山中学遵照“严格按原貌修复、修旧如旧”的原则进行建设、修缮，并于2008年批准为广东省文物保护单位。

东山书院（1746）

（三）崇实书院

崇实书院是清光绪五年（1879）嘉应州邑绅黄鸾藻、张麟宝等请得知州严家畴拨款并示嘉应州所辖兴宁、长乐、平远、镇平4县捐款于北岗文祠之右创建。书院有上堂、中堂各1座，左右房各1间，回廊2间，头门1座，左右各1间，内皆有天池。另有大门1座，门外余地甚宽，环以垣墙。书院大门两边对联“功崇业广，秋实春华”，据传为秀才杨羡吾撰拟。另一学者张香谷也曾在书院建成时拟写对联：数千里遥望宁乡，造势有诗书，终古弦歌思旧泽；一万间宏开广厦，使君真父母，五城桃李托新阴。时任广东学政的叶恂予到嘉州监督科考时亦曾题字：知古知今，综经意治事为程，首推崇实；有体有用，储贤良茂才之选，上副旁求。书院课士章程仿学海堂、菊坡精舍，不考制艺，专课古学。每季1课，每课题分3类：一为讲解经文；二为史学及杂艺（含经史、舆地、掌故、天文、算法等）；三为骈体及诗赋，由院长归类列取。初时每类上取10名，次取5名，给予奖赏。后又将上、次取名次予以细分，区别奖赏。每年经费为银160.695两，除支付祭祀费及杂费8.3两外，剩余部分付院长修脯及节仪银共66两，四季课考奖赏银共85.2两。书院藏有书籍，包括经部三部二百五十卷、史部四部四百卷、集部三部二十卷。其中一批藏书为当时惠潮嘉兵备道张铣捐赠（具体书目可看第二章）。清光绪三十年（1904），由德、法、瑞等国巴色会牧师与嘉应本土人士黄墨村、吴登初等合办的务本中西学堂，从城内三槐堂迁至崇实书院旧址，并改名为务本中学堂。总的来说，崇实书院扩大了教学内容，增加了经、史、理、文4门课程，兼及西学，如增设舆地、历算等，开创了梅州地区重实学的新学风。1914年在务本中西学堂基础上发展起来的梅州中学，培养出了古大存、林风眠、李金发、黄药眠等一批有才之士。

崇实书院（1879）地址，现为梅州中学初中学校

（四）培风书院

培风书院在嘉应州城内东北隅、城隍庙侧。明嘉靖时为双忠书院，奉祀刘元城、文天祥二贤。明崇祯九年（1636），知县陈燕翼卖与邑庠生黄茂桂为书塾，以所得款另建祠于城东攀桂坊，增祀张九龄、狄青、蔡蒙吉三贤，更名为五忠祠，并置有祀产。至清顺治二年（1645），知县戴长治增祀韩愈、程旻二贤，更名为七贤书院。清顺治三年（1646）毁于寇。黄茂桂暨男黄炯呈请于署县施洪烈（浙江平湖人，顺治十一年奉委署程乡县事），愿意捐出旧所买地方，重新建祠，移祀七贤。后来被武弁占住。清康熙七年（1668），知县王仕云清理并重新修建，取五忠祠的祀产田归七贤，述之以《七贤书院碑记》。清康熙二十年（1681），知县王吉人重修七贤书院，增建合来亭，述

之以《重修七贤祠记》。后二年，又于祠东面筑室祀陈燕翼、王仕云二县令，以祀产为陈燕翼置祠，由王复也。祠西为书院，以培风额其堂，丹墀（祠堂）东西为义学。清康熙二十七年（1688），黄炯又送出陈王祠东地基为横房，召僧看守祠宇。清康熙二十八年（1689），知县刘广聪重修培风书院。清康熙三十四年（1695），知县曹延懿增建濂溪周公、新建伯王公祠于陈王祠前，题大门额“九贤书院”，述之以《增建周王二先生祠更额九贤书院记》。清雍正十一年（1733），知州王元枢改为“程江书院”，拨七贤田谷 12 石给僧奉佛归阴那山，余田作为书院膏火费用，延师课士，院规始肃。清乾隆五年（1740），州绅士奉督学惠士奇神主祀院内。清乾隆十五年（1750），知州王之正因先贤祠宇颓圮详请修葺，改建正楼三间祀九贤，于楼上中龛以县令陈燕翼、王仕云、王吉人，督学惠士奇及黄炯别为一龛居左，合东西祠院地建造书房 17 间，再建造合来亭、仪门各一座，头门三间，以“培风书院”题门首，添设膏火费以课士。清乾隆二十二年（1757），年老德高邑民林瑞玉送出黄塘约为书院膏火。清嘉庆二十三年（1818），以书院膏火修理东门楼朱衣亭，修理费用使书院膏火告罄，知州刘廷楠劝嘱当地绅士捐赠弥补。咸丰之后，培风书院先后两遭兵火，损毁几尽。清同治九年（1870），周士俊来梅任州牧时重新修复，增建学舍 15 间，除旧祀外增祀文昌帝君。自此至清末，培风书院成为嘉应州城最有名的三大书院之一（另两大书院为东山书院和崇实书院）。书院于晚清停办。1906 年，梅县著名诗人叶璧华（1842—1915）在培风书院旧址上建立了梅州历史上第一所女学校——懿德女校。1913 年，懿德女校与崇实女校合并成立梅县女子师范学校。1915 年，清末民初梅县著名女教育家梁浣春在培风书院旧址建立梅县县立第一高等女子小学。1929 年县立女子师范改为县立女子中学，1936 年改为广东省立梅州女子师范学校。20 世纪 50 年代初，培风书院旧址建起梅山中学，后并入联合中学，并在原址上建机关实验幼儿园，一部分改建为黄解兴医院。当年培风书院两边大柱长联，据传由同治年间嘉应州代州牧张麟定所撰：前贤同景仰，况乡名处士，坪号相公，立定脚跟，知学问当先器识；高阁此登临，看水绕花洲，峰环梅岭，放开眼界，信江山足助文章。清嘉庆十六年（1811）辛未进士萧斯主福建龙溪知县时，曾以母老告归，主讲培风书院。

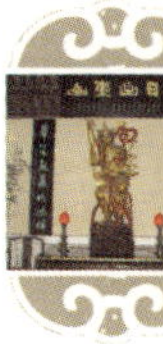

培风书院（1750）（图片来源：《梅江私塾》）

（五）培南书院

培南书院于清乾隆十一年（1746）由知州王者辅建于嘉应州南口镇。书院分下堂、天井、上堂三部分。下堂左右各有三间小房，中间为天井，左右各有一过道至上堂。上堂地势略高于下堂，左右各有一厢房。上堂一梁有“大清十一年丙寅岁六月广东直棣嘉应州署知州王者辅鼎建”。科举制度废除后，培南书院也随之停办。曾一度被改作小学堂，至抗战时停办。梅州城内的书院原建筑大都被毁，唯南口培南书院，历经260多年风雨，其原建筑至今大体尚存。

培南书院（1746）

（图片来源：http：//image. baidu. com/i? tn = baiduimage&ipn = r&ct = 201326592&cl = 2&lm = －1&st = －1&fm = result&fr = &sf = 1&fmq）

（六）周溪书院

周溪书院又名“濂溪书院”，明弘治二年（1489）知县刘彬建，位于城东四里周溪河畔，供祀理学大家周濂溪（周敦颐）。后一度被奸民陈振权占作私人居所。清康熙十二年（1673），知县王仕云杖毙陈振权，重建书院，并奉祀周子（敦颐）、朱子（熹），命名为北社学。清乾隆十一年（1746），陈振权之孙再次侵占作为私房，在已塌圮的书院原址盖起三间房屋。明代硕儒、广东新会陈白沙曾应刘彬之请，作《程乡县社学记》，盛赞周溪书院之环境，另外还赋诗六首吟诵书院之气象。明崇祯己卯举人张珺（嘉应州城下市张家围人）潜心读书，深通广晓，适逢乱世，见天下事不可为，乃辞谢程乡县令陈燕翼，不仕，结庐周溪，弹琴赋诗，足迹不履州城。张珺曾作《静室》一诗，颇得三昧：“帘卷斜阳见几峰，一溪流水逝溶溶。山僧不到柴门掩，惟听春鸠到绿榕。”从周溪河畔走出来的晚清翰林院庶吉士李黻平亦曾赋诗描述周溪书院情景：“刘侯昔讲学，游息传兹地”；“溪声当窗落，清流洗胸次”；“风轻松涛作，日暖柳花坠”。近代以后，书院旧址逐渐成为嘉应大学的一部分。

嘉应州人为纪念周濂溪建造的周溪桥

（七）桂岭书院

桂岭书院前身为清康熙二十五年（1686）县令蒋弥高所建的义学（学宫韩祠侧），位于今蕉岭中学内，知县陈必元改建于清乾隆十年（1745）。清乾隆三十三年（1768），县令赵康开始移建桂岭书院。清乾隆四十五年（1780），县令周克达继续移建桂岭书院于镇山之麓。整个建筑为三层宫殿式楼宇，长 25 米，宽 13 米，高 15 米，用沙灰砖砌墙，木梁架结构，建筑面积为 1000 多平方米。1904 年，丘逢甲在桂岭书院创办镇平初级师范传习所，1914 年更名为蕉岭中学之后，桂岭书院曾作为蕉岭中学图书馆，藏书达 3 万余册。赵康曾作碑记云："宿敦淳朴，人尚诗书，余抚其境，无案牍棼如之劳，有琴鹤自随之趣，心甚喜，闲课艺于桂岭义学。"

桂岭书院（1745）

（八）墨池书院

墨池书院在兴宁布政分司行署之南，原汪公书院后地，门西向。清康熙二十三年（1684）知县李清宏于布政分司行署南创建兴宁义学，乃买前堂屋两栋，改门南向，后颓坏。清康熙四十八年（1709）时任知县尹文炽重修，捐俸置田九斗，以资膏火，延师课士。清乾隆四年（1739）知县施念曾复建，内祀韩愈、苏轼，改为韩苏书院。清乾隆二十四年（1759）知县王文征重修，设立膏火。清乾隆三十七年

（1772）知县廖景班重新修葺。清乾隆四十二年（1777）知县李台连重建前堂及左右房。清嘉庆十六年（1811）知县仲振履重修，并捐银圆 500 元，为修脯、膏火之费，改名“墨池”。建成后的书院东有忠义祠，西有汪公祠及三代庙，作为生童肄业之所。内堂增祀文山文公、孟郊罗公，与汪公并列。每年额取内课生监、童生各 12 名，每名生监月发膏火银圆 2 元、童生每名发膏火银圆 1 元，按 10 个月计算。书院经费主要来自每年田租 35500 文。

墨池（探花）书院（1811）

（九）文峰书院

文峰书院本为兴宁常平仓地西厢屋，旧为水口司公馆，清嘉庆十六年（1811）改为公馆，并改水口司公馆为养正书院。知县仲振履捐俸修边银 330 元交付城各当，每年轮流出息银 60 元为山长修脯之费。清嘉庆十七年（1812）改为文峰书院，将银每年交三当轮流出息，按季支取。

（十）茶阳书院

茶阳书院在大埔茶阳东二里，明嘉靖九年（1530）由知县方琦建，今废。新建茶阳书院有二处，一在神泉公馆旧址，为清康熙二十年（1681）合邑士民建，今废。一为清道光九年（1829）由大埔合邑官绅改（潮州）开元寺右大埔公馆而成。有前后两堂，左右两正间、两从屋。上堂祀文昌帝君，上厅供本县士人来郡肄业者居住，左右2房则住科甲候补者。光绪末改为茶阳师范学堂，后又改为茶阳师范学堂，其后又改为旅湖小学堂。原书院所有田租、店铺概拨归旅湖小学所有。

（十一）蓝田书院

蓝田书院在丰顺汤坑南门内，原为丁日昌和各乡绅耆于清道光二十七年（1847）倡建。中为文庙，左为德政祠，右为崇善祠，左右横厅厢房各4间。清同治九年（1870），潮州镇方耀拨款5000两白银交蓝田绅士张仲宣等6人置产生息，作为经费。延聘山长以设教其中，遂称为蓝田书院，招收生员、童生肄业，由县甄别录取。额定生员正课3名、副课5名，童生正课4名、副课8名。外课生、童俱无定额。书院发给山长修金、膳金和舆费，三项每年共银160两；发给生、童膏伙费正课每月每名均给钱800文，副课给500文，外课俱无膏伙费。生、童学习成绩优秀者发给奖学金，每课第一至第五名分别奖给1000文、800文、600文、400文和200文。清光绪三十一年（1905）改办为蓝田两等小学堂。民国二年（1913），更名为钟秀高等小学校。

蓝田书院（1847）

（图片来源：http：//pic. sogou. com/d？ query =% BA% AB% C9% BD% CA% E9% D4% BA&mood = 0&picformat = 0&mode = 1&di = 0&p = 40230504&dp = 1&did = 19#did18）

（十二）鹏湖书院

鹏湖书院一址在丰顺安墩岭麓，距城一里，即旧志所载文昌阁是也。文昌阁后正厅五间，厢房六间，头门一座。后改为安墩书院。清乾隆十一年（1746），知县葛曙捐廉倡同邑绅创建义学于安墩岭麓，原名安墩书院。清乾隆五十七年（1792），知县秦泰与诸邑绅识议，在书院中新建三层文昌阁，并更名为鹏湖书院，取“鹏程奋翮”之义。每年聘请山长一人主讲。每年年末，由县令甄别具有文童具录送院肄业。教学内容为四书五经、八股文丛、诗词、策论等。给膳食，每月考课两次（一次官课，一次院课）。书院经费始由绅士捐资置产生息，以为延师费用。清同治十一年（1872），道、镇、府会同拨银3000元为书院经费。院内旧有藏书数万卷。书院另一址在本丰顺粮仓遗址。先是县属所解营米运至郡城无处存储，因购地建仓以资囤积。届时各营赴仓支领。嗣奉部文将营米定价批解而仓遂废。廒座倾颓，仅存基地，同治九年（1870），知县冯宝封倡同县绅募款将潮州府城军厅巷口原丰顺粮仓旧址改建成前后两座厅堂。前座为登瀛堂，亦名鹏湖书院，中祀文帝，门池坪建福德祠，旁有房舍相连，均系书院内经管，此房舍为本县在金山、韩山书院肄业生童住所。后座叫敬学堂，外建石门，名丰顺县公署，置产生息，作为补助本县士子应岁科试、乡试经费。

（十三）毓秀书院

毓秀书院坐落在平远东石镇灵水村，建于清光绪年间，前身为灵水小学，占地面积为720平方米，建筑面积为490平方米。该书院为典型的四合院，是客家民居式土木平房建筑。

毓秀书院（光绪年间建）
（图片来源：http：//www. meizhou. com）

（十四）凤山书院

凤山书院在平远县治城隍庙右偏。旧为知县何宽专祠，清乾隆三年（1738）知县龙廷标改建何公祠为书院，内立何公牌位。清乾隆五十年（1785）知县赵梦麟捐廉，重修添设文房十余间。廪生黎桢曾主讲书院，培植后进学者甚多。镇平同治甲子（1864）举人陈展云（1847—?）曾赋诗《凤山书院夜坐有述》（五首），其中诗人胸臆，可见书院意趣一斑，兹录其一如下：红绕栏干绿外垣，万松吹影荫窗轩。风前得句吟花听，槛外高歌答涧喧。狂倚剑光看北斗，醉来峰顶望中原。腐公不作封侯梦，山主头衔托故园。

（十五）三江书院

三江书院在五华安流镇上游周、琴、棉三江汇合处，离市一里许。清光绪二十年（1894）由士绅古海帆、李星楼、张笃臣、古芸史、陈星坡等倡建。书院呈回字形、学宫式结构，占地约2000平方米。门额“三江书院”四字苍劲有力，大门两侧镶嵌李星楼的题联：三畏九思学问，江翻浪涌文章。其中，“三畏”指：畏天命，畏大人，畏圣人之言；亦指元朝中书左丞相奏折所言之“三畏”：畏辱祖宗，畏天下事大识见未尽，畏年少不克负荷。“九思”指：视思明、听思聪、色思温、貌思恭、言思忠、事思敬、疑思问、忿思难、见得思义。书院上栋正座上厅正中安放五夫子牌位，左右两龛安放捐款好义列位先生牌位。中栋建有大讲厅，左右两庑直下及下栋五间均为宿舍。左右附筑横屋，一连六间亦为宿舍。外有围墙、斗池，门楼额曰“文峰擢秀”，斗池下槲有石灰墙筑次之月池，围墙内右角上则有前邑侯蒋鸣庆捐建之六角亭，额曰“醉月书院”。筑成尚有多余款置有祀田店铺，业每年有租谷越 80 石，为敦请山长及祀五夫子暨好义先生之用。先后来院教者有梅县侯孝廉家骥、彭孝廉玮英。当时十约人士闻风向学，济济师生，一时称盛。

第二章　文化传播

本章主要结合书院的藏书、祭祀、讲习等三大功能，以及书院学规等，介绍历史上客家梅州地区的书院在传播中原文化、影响梅州本土民风教化、塑造客家人精神品质等方面所起的作用，考察书院对客家崇文重教传统形成与发展的影响。

一　藏书讲习：传播文化

（一）客家书院藏书与文化传播

历史上，书院的功能一开始主要是藏书而非讲学，也就是清代袁枚所说的："书院之名起唐玄宗时丽正书院、集贤书院，皆建于朝省，为修书之地，非士子肄业之所也。"当时桐城派作家戴钧衡在《桐乡书院四议》中也认为，书院之所以为书院，主要还是因为它是藏书之所，能够让读书人士就学其中。总而言之，书院历史之始，即与藏书分不开，这一功能在后来1000多年的历史中始终不废。清乾隆元年（1736）三月十日朝廷礼部复准下旨全国，强调各省会城，乃是一省人才聚集之地，其中书院宜多贮藏书籍，这对于培养人才将有所裨益。同时下令各省督抚动用存公银两，购买十三经二十一史，发给教官接管藏存，并让生员熟习，融会贯通。清乾隆九年（1744）朝廷礼部又复议下旨，要求各省学宫陆续颁发圣祖仁皇帝（康熙帝）钦定的《易书诗春秋传说及汇纂》、《性理精义》、《通鉴纲目》及《御纂三礼》诸书，并指示各书院院长自可恭请讲解以上诸书；责令督抚行令司道各员仍未经备办"三通"（记述清朝典章制度的史籍《皇朝文献通考》、《皇朝通典》、《皇朝通志》三书的通称）等书者，务必酌量置办，以资诸生诵读。清朝皇帝对书院藏书讲习的重视，由此可见一斑。

一般来说，书院藏书来源渠道主要有皇帝赐书、私人捐书、书院购置、书院自己刊刻等，所藏之书则主要与教学讲习和学术研究有关。在这一点上，书院所藏书目大同小异，无非是一些宣扬以儒家文化为主体的传统文化的经史子集，特别是集儒家经典大成的《十三经注疏》：《周易注疏》、《尚书注疏》、《毛诗注疏》、《周礼注疏》、《仪礼注疏》、《礼记注疏》、《春秋左传注疏》、《春秋公羊传注疏》、《春秋谷梁传注疏》、《孝经注疏》、《论语注疏》、《尔雅注疏》、《孟子注疏》。《十三经注疏》在中国文化发展的历史长河中具有举足轻重的意义，书院掌教（或宪官）与士子生员长期揣摩切磋，在提升自己精神世界的同时，又传播了其精髓要义。

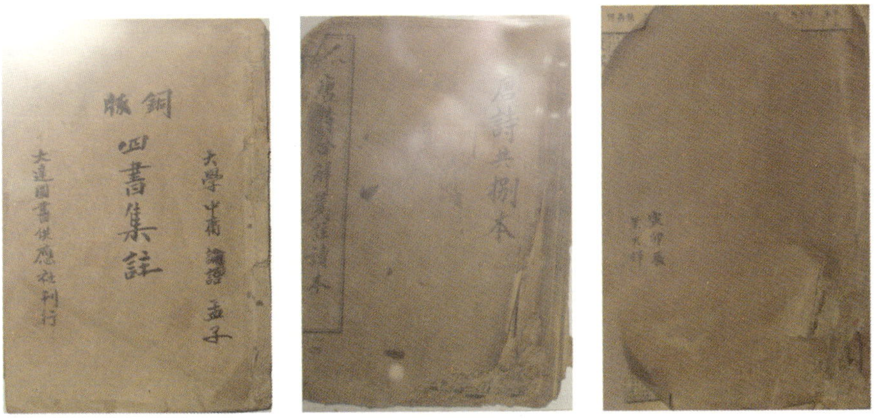

东山书院藏书

刘伯骥认为，广东的书院在明代以前，除祀先贤祠外，多属精舍（讲学的处所）性质，开创书院与掌教书院的人，主要目的在于领导地方上的学术。他们创书院，开立山堂，纳结师友，宣传自己的学说，标榜道学。那时的学术主流，都汇集于书院之中。而从现实情形看，那时的博学鸿儒、读书士子、经籍图书、礼乐祭器及讲艺场舍，都以书院的最为集中，也最为优秀。到清代以后，书院虽多以讲求章句为事，尚不失为学术之所寄托。因此，在广东书院分布密度较高的地方，文物学术一定较为集中，成名宿学，也一定比别处更为兴盛。乡间的书院，如无掌教时，一般有文社以提倡文风。而都会各大书院，则大多为文人硕士比较集中的地方。因此在南宋以降六七百年当中，学术思想之蜕变，基本上与书院讲学内容之蜕变同步；各郡邑文风之兴废，也与书院之兴废情况成正比。换句话说，从广东南宋以降六七百年的情形看，书院的藏书及在此基础上开展的研究与讲习，在影响当地学术演变的同时，也无形中传播了思想文化，从而起到推动当地文化发展的作用。

以上关于书院藏书文化意义的简单介绍，无疑是考察历史上客家梅州地区书院的藏书在传播中原文化、促成客家文化形成过程中所起作用的重要背景。客家梅州的书院史，无疑以宋哲宗时刘安世谪居梅地之所倡建的元城书院为始。但若论影响，却是宋徽宗崇宁三年（1104）所建之学宫，其在梅州后来的政治文化生活中的地位为其他书院难以替代。因此，为让读者对客家书院藏书有一个丰富的认识和了解，下面我们除了开列嘉应州城崇实书院和大埔茶阳书院的藏书情况外，也将梅州学宫藏书情况一并予以介绍。

梅州学宫藏书目录

《祭祀器物图书册》一本（雍正二年颁）
《圣谕广训》一本（雍正二年颁）
《钦定仪注》一本（雍正九年颁）
《上谕》二十部共四十套（康熙六十一年起至雍正七年止）
《上谕七道》一本（雍正十一年颁）
《上谕附律》一本（雍正十二年颁）
《乡饮酒礼仪注》一本（乾隆二年颁）
《学政全书》二本
《十三经注疏》共十二函
《二十一史》共五十函（以上三种均为乾隆四年颁）
《明史》一部共一百一十二本
《四书文》三套共二十二本（以上两种均为乾隆四年颁）
《上谕》二十部共二十套（雍正八年起至十三年止，乾隆九年颁）
《学政全书》二套共十六本（乾隆九年颁）

（资料来源：《乾隆嘉应州志》）

崇实书院藏书目录

经部三部二百五十卷

史部四部四〇〇卷

集部三部二十卷

（资料来源：刘伯骥《广东书院制度》）

茶阳书院藏书目录

《十三经注疏》一部

《紫阳纲目》一部

《性理大全》一部

《近思录》一部

《前汉书》一部

《后汉书》一部

《古经解汇函》一部

《小学汇函》一部

《子史精华》一部

（惠潮嘉兵备道张铣捐赠。资料来源：温仲和《光绪嘉应州志》）

在以上藏书中，就文化传播与民风教化而言，特别值得一提的是《圣谕广训》和《乡饮酒礼》。下面我们将从这种角度介绍这两种藏书：

1.《圣谕广训》：修身、齐家、化乡、治国、平天下

简单地说，圣谕主要是指皇帝为巩固政权而颁发的具有道德色彩的谕旨，是以德治天下的中国传统政治观念的集中体现。在历史上，有意识地御制并颁发这一谕旨的统治者，可追溯到明太祖朱元璋，其时主要有六条：孝敬父母、恭敬长上、和睦乡里、教训子孙、各安生理、无作非为。作为外族的满族入主中原后，基于巩固政权的考虑，也为了更好地融合汉文化，又在明太祖六谕的基础上，进一步充实完善。清康熙九年（1670），清圣祖颁发了圣谕十六条：敦孝弟以重人伦；笃宗族以昭雍睦；和乡党以息争讼；重农桑以足衣食；尚节俭以惜财用；隆学校以端士习；黜异端以崇正学；讲法律以儆愚顽；明礼让以厚风俗；务本业以定民志；训子弟以禁非为；息诬告以全良善；诫窝逃以免株连；完钱粮以省催科；联保甲以弭盗贼；解仇忿以重身

命。至清雍正二年（1724），为了在全国范围内普及推广，雍正又对这十六条分别进行解说，“寻绎其义，推衍其文”，形成了著名的《圣谕广训》。至乾隆年间，《圣谕广训》已布于各地儒学（即学宫），朝廷要求各地凡童子应试、初入学者，必须完整无误（不能增加或减少）地默写《圣谕广训》，才算合格，才能求取科甲功名；同时，清朝政府还要求地方官员每月朔望（农历初一、十五）召集民众结合乡约内容进行朗读、宣讲，以警觉启蒙，达到陶冶民风、淳厚民俗、匡正人伦的目的。总而言之，清以后，诵读《圣谕广训》成为当时学宫、书院士子们的必温功课。朝廷还将此纳入地方官员政绩考核的内容。在某种意义上，《圣谕广训》的收藏与宣讲，在巩固政权的同时，实际上也在以政府的行为传播国家主流道德文化。《圣谕广训》将“敦孝弟以重人伦，笃宗族以昭雍睦”首列其中，通过道德约束将家庭、宗族、社会与国家连为一体，这其实也是对传统士人“修身、齐家、化乡、治国、平天下”理想信念的道德化表达。中国文化向来政道合一，推崇以德治天下。历史上客家梅州地区一直民风淳厚，就此而言，不能不归功于历代书院的潜移默化。有研究客家的学者曾这样说过：历史和现实中不少客家的“头面人物”，都或出生在梅州，或祖居地在梅州，或祖籍在梅州，这些人物不但鼓励着无数客家人，也影响着中国，影响着世界。如清朝开发东南亚加里曼丹并成为大酋长的罗芳伯，建立太平天国的洪秀全，推翻封建帝制的孙中山，参与共和国建立的叶剑英，新加坡的开国总理李光耀，泰国前总理他信、英拉兄妹，沟通东西方艺术的现代画家林风眠，开中国谱乘研究先河的客家学创始人罗香林等。这些历史上杰出的客家人物，诚如人境庐联文所言：“从五步楼，十步阁，望百步长江”，真正地“身居围龙屋，胸怀大社会”，以及修身、齐家、

《圣谕广训：集解与研究》（周振鹤撰集/顾美华点校）

化乡、治国、平天下。

2.《乡饮酒礼》：养老尊贤，内睦家族、外和乡里

乡饮酒礼，乃是中国历史上养老尊贤之古制。把饮酒读律结合起来，同样具有教化民风的功能。明太祖朱元璋重视通过学校教育对民众进行教化，并于明洪武五年（1372）诏礼部奏定《乡饮酒礼》，要求各级官员与学官率领德高望重的士大夫在学校试行，同时还要求民间乡村社会也要仿行之。明洪武十六年（1383）又在全国诏颁《乡饮酒礼图式》，并规定每年正月十五、十月一日在各地儒学（学校）举行礼仪。有研究者指出，清代的乡饮酒礼，府县主要在地方学宫明伦堂举行，甲社主要在社学或申明堂举行，因为这些场所具有浓厚的教化意味。在乡村社会践行乡饮酒礼，能够起到内睦家族、外和乡里的重要作用。由于参与乡饮酒礼的人员不仅有社会贤达，还有普通民众，社会覆盖面超越了个体、家庭、家族，因而它受关注的程度要比其他礼仪大一些。其目的就是要达到一人倡之，众人行之；一家行之，一里效之；由近及远，出勉以至于安，渐仁摩义，俗厚风淳的效果。正是因乡饮酒礼有这样重大的作用，明代著名清官海瑞才说：“尧舜之道孝悌而已，乡饮酒礼尊重年德，正为政首事。”饮酒成为一种文化礼仪，并由朝廷专门颁发相关的理论指导典籍，由地方书院示范实践。在某种意义上，《乡饮酒礼》这类的书籍在传播礼教文化方面意义重大。《乾隆嘉应州志》“懿行”部分记载有举行乡饮酒礼以表彰、推广贤德乡人的例子：一个叫黎元卿的乡民，少艺黍稷，孝养父母。甲寅寇警，黎元卿率村人筑寨以防御，保全乡民无数。黎元卿所居乡村有赤梓岭，崎岖数十丈，他召请人修除平坦，并在上面建茶亭。黎元卿还捐租造松江渡，利济行人。类似这种好义乐施的事情还有很多。此外，黎元卿还善解纷争，乡里质成者，辄出囊金以息其事。知县曹延懿重之，专门在县学举行乡饮酒礼，奉黎元卿为座上宾，表彰、推广其德行。

相对而言，在民风教化方面，《圣谕广训》偏重于思想认识层面，侧重于理论指导；《乡饮酒礼》则偏重具体实践，侧重于示范作用。两者相辅相成，目的在于建设一个和谐、礼仪的社会，培养子民的人伦情怀。书院的藏书虽只占一角，其重要意义却不容忽略。这也是藏书被看作是书院三大功能之一的原因。

（二）客家书院讲习的仪式、过程与名贤名宦

1. 书院讲习仪式与过程

书院掌教讲学，一般数日或半月一次，所以功课多归生徒自修。“生徒朝夕不休者，无非揣摹之功。”书院讲习对文化传播的影响，在其内容，同时也在其形式。刘伯骥介绍潮阳知县蓝鼎年在棉阳书院（清雍正七年即1729年建）开讲的情形，仪式非同一般：先期二日编定司讲三人，司赞二人，司仪二人，司爵五人，司记二人，司宾四人，司钟、司鼓各一人，歌童四人，乐人四人。开讲前一天，练习礼仪。四方人士欲听讲者，可先向司宾报名，诸生因事不能听讲的，也要先向学长告假。第二天早晨，官师既至，司赞念唱排班、分班，听者就位既毕，又唱宣明白鹿洞规条，并配以鼓乐。然后才是掌教登堂宣讲：正襟端坐，朗声宣述所拟第一章讲义，不疾不徐，雍容中节。讲毕依礼复位，由童子上堂歌吟诗……经依次讲完三章之后，司赞唱质疑问难，欲有问者，即起出班依礼坐于旁侧，就所讲书章，发出特见，从容辩论，以阐明圣道为主。质疑已毕，命题课试，容后思考。诸生次日将课试构思呈请师长评定，汇送邑官选择。如此讲习，完全可说是对一种古代师道礼仪文化的实践与传承。

2. 主讲客家书院的名贤名宦

据方志史料记载，历史上不少名贤名宦都曾在书院讲习。如康熙年间，刘广聪任程乡县令后在重修七贤书院的同时，还聘请当地名贤侯汝耕（地方选送的国子监生员，学识、品行皆优，曾被官府聘请为义学之师，所得分与诸弟子；任遂溪教谕，每日与生员讲学，不问酬资）到书院讲学，一时从学者如云。康熙年间的另一程乡县令曹延懿，不仅改建七贤祠为九贤书院，添建义学，还坚持到书院讲学，每月两课，指导生徒，自早晨到傍晚而后散。

客家书院讲学名贤中也有不少是出仕在外后因种种原因返乡的饱学之士。如清乾隆十六年（1751）辛未科进士詹学海（五华县华城镇维新村人），授刑部江西司主事，后因被小人排挤，于清乾隆十七年（1752）返回广东，先后主持潮州韩山书院和本县（长乐）金山书院。

金山书院楹联“士所谓豪自无待而兴起；地选其胜知有开之必先”，即为其所撰拟。詹学海学识渊博，为官清正，家风淳厚，人品学术皆为世人所推崇。时隔十五年后，长乐县东楼约（今五华县华城镇观源村人）另一位进士（清乾隆三十一年丙戌科进士）赖鹏翀，晚年从山东回归故里，主讲金山书院，为长乐县培养了不少人才。赖鹏翀早年任山东乐陵知县期间，勤政亲民，关心民众疾苦，注重当地的文化教育。他重修荒废的枣林书院，捐俸延请课师，资助贫寒生员膏火，使乐陵文风从此大振，赖鹏翀也因此深得乐陵士人爱戴。史料记载赖鹏翀孝敬父母，母亲患病，亲尝汤药；友爱兄弟，赠衣让产，属于人格学识均堪为人师的贤士。

又如清乾隆五十五年（1790）庚戌科进士萧廷发（今梅城金山顶人），博通经史，中进士前曾主讲东山书院，选“十体源流”以培养生徒。萧廷发中进士后以双亲年老为由，请授韶州府教授。后又因亲丧归还故里，不再出仕，重返东山书院讲坛，执掌培风书院的山长。史载萧廷发所讲多发自肺腑，身体力行以潜移默化生徒。

特别值得一提的是，清嘉庆十六年（1811）辛未科进士萧斯（字蓼州，今梅县人），主讲培风书院 30 年，当时嘉应州科第人才大部分出自其门下。萧斯“生平不立崖岸，与人无竞，而严毅有守”；他曾在《题画》中写道：“怀才弗仕任暇豫，程水韩朝数来去。利遂名成何所求，课读督耕得真趣。”这种淡泊功名、以课士为乐的品格，对生徒精神人格的影响可想而知。另一主讲培风书院的是清光绪十五年（1889）己丑科举人梁国瑞（今梅江区西街人），他出生于望族之家，祖父梁慎桢是清嘉庆十六年（1811）辛未科进士，为近代五大书法家之一（另外四家为宋湘、钟孟鸿、黄基、谢义谦），父亲梁心镜是清道光二十八年（1848）戊申科举人。史料记载梁国瑞深受望族家风熏染，侍亲至孝，兄友弟恭，与人交往外和中介，不失格；平时每处理一事，常以不称职为忧虑。梁国瑞随境所处，尽其义务，自中年至晚岁，手录日记从不间断，并常自箴自励，以期尽职。

此外，《梅水诗传》记载留馀堂第十八世裔孙张麟安继其父（张其翻）志，主讲崇实、培风书院，以古学教授生徒，孜孜不倦。另一位留馀堂第十八世裔孙张麟定（张其翰次子），清同治七年（1868）执掌培风书院的山长，“家传渊学，课士甚勤，对于地方办团，井然规划”。黄遵宪的启蒙老师、今梅州市梅江区东教场背旺巷口李屋附贡生李伯陶，也曾是东山书院和崇实书院的主讲。黄遵宪的堂叔父、清同治二年（1863）癸亥恩科进士黄基及其父亲黄莘田（贡生）曾长期主讲东山书院，引掖后进。前面提到的翰林院编修李二何，不仅倡建松口书院，还亲自为乡民讲学，每月朔望即召集耆老士民，申明乡约，教化民风：“春秋则聚俊秀生童，课文讲艺，说诗敦礼，仁让相先，少长有序，仿昔人儿塾里庠三物宾兴之制。”

客家书院中类似的名贤讲习情形我们还可列举出很多：

清雍正三年（1725）平远凤山书院的山长谢炳奇贡生，“文行兼优，都人士皆矜式之”。

清乾隆十一年（1746）执掌东山书院的山长萧系闳（康熙四十四年乙酉科举人，下市大河唇萧屋人），“笃志力学，和易近人，文行甚高，士林宗之”。

清乾隆二十年（1755）执掌兴宁韩苏书院的山长何映柳（乾隆七年壬戌科进士，兴宁石马人），“为人严毅方正，人不敢干以私，对于师友间，亦甚笃挚”。

清嘉庆六年（1801）执掌长乐金山书院的山长周宗洛（嘉庆五年庚申科岁贡），“生平谦和温厚，谈说经文，穷源究委，缕析条分，束修不计多寡，而学富才赡，下笔千言可立”。

清嘉庆末年执掌墨池书院的山长傅翰邦（乾隆四十八年癸卯科举人），“为官有循吏称，晚年优游林下，绝不以公事干谒”。

清道光三十年（1850）执掌东山书院的山长黄仲安（道光二十八年己酉科副榜贡生，嘉应州上市黄屋人），“志趣高雅，不慕荣利，善绘山水，好吟咏”，并著有《清代五家诗钞》。

清咸丰年间执掌东山书院的山长黄尔任（道光增贡生），“所学以程朱为宗”。

清咸丰年间执掌培风书院的山长李铿载［咸丰元年（1851）辛亥科举人］，“性廉介，非其道不苟取于人，好山水”。

……

清康熙年间程乡知县刘广聪在《增修七贤书院记》中曾谈及书院讲学，无非忠孝、节义、德行文章，“数者备而吾学无遗憾矣”。以此描述以上主讲客家书院的名贤名宦，再合适不过。

（三）寄寓他乡客家士人的书院情怀

墙内开花墙外香。了解历史上客家读书人对书院建设与人才培养的贡献，不应该忘记客居他乡、致力书院的倡设与讲学造士、成就斐然的这一庞大群体。他们的书院事业虽然不在嘉属本土，然而由于他们的“根”在故里，与故乡有着千丝万缕的关系，他们中大多数在晚年“叶落归根”，或仕途中间由于其他原因返回家乡，并有意识地把在外多年磨砺铸就的精神品格与讲学造士经验付之于家乡办学传道和民风教化实践中。因此，考察书院文化对客家文化与教育的影响，我们不应该忽视这一特殊群体，否则，研究将是不完整的。这其中，除了前述翰林院编修李士淳、留馀堂举人张其翻等之外，值得一提的还有：

北宋哲宗绍圣四年（1097）丁丑科进士古革（字仲通，号云泉，梅城西区大觉寺侧人），曾掌教海南琼台书院，“作育英才，德化黎民，训迪有方，课徒颇众”。

清康熙六十年（1721）辛丑科进士杨缵绪（又名缵时，乳名弦五，字式光，号紫川，晚年别号节庵，大埔县百侯镇侯南村人），因焦弘勋案不肯画题而被罢官，后应广东巡抚之邀聘，曾于清雍正十年至清乾隆元年（1732—1736）、清乾隆六年至七年春（1741—1742）先后两度主掌广州粤秀书院，培养英才无数，清代著名学者、广州唯一的一个状元、治水功臣番禺庄有恭等均出其门下。杨缵绪因此被称誉为“状元之师”。（焦弘勋案始末：焦弘勋是庄亲王博果铎的护卫，庄亲王一向很信任他，王府的一切经济出入由焦料理，后不知何因失宠于庄亲王，王府中一些人落井下石，在庄亲王面前说焦弘勋的坏话，说焦侵吞王府财产。庄亲王不问情由，大施鞭挞，并立遗嘱，死后不准焦弘勋穿孝。庄亲王死后，儿子允禄承袭王位。有一次焦弘勋寿日，已出嫁的女儿送来寿面为父祝寿。王府中人即报之允禄，说庄亲王尚在服中，焦弘勋却在家大摆筵宴。允禄大怒，要立斩焦弘勋。案子由陕西道转到刑部会审，由杨缵绪裁处此事，允禄也派人监审。在允禄的干预下，焦弘勋被迫屈招认罪。杨缵绪深知焦弘勋之屈，于是援引律例说：“律载，奴婢欺盗家长财物百贰拾两以上的比盗贼例减一等，焦弘勋所犯不应判死。”当刑部又判为“情实可恶，拟斩”时，杨缵绪却坚持“以情实可恶决死囚，何以服天下”而不肯画题，宁愿罢官。允禄等又上奏世宗诬杨受贿，结果被下旨革职回籍。）

清雍正八年（1730）庚戌科进士侯如树（字思贞，梅城金山麒麟巷侯屋人），初试任云南五华书院（云南巡抚王启倡建于明嘉靖三年即1524年，是云南创办较早、影响较大的一所书院，因院址在昆明五华山麓而得名）山长，致力振兴当地学风，连科中举甚众，时人称之为“得师”。

清代云南五华书院大门

（图片来源：http：//image. baidu. com/i？ tn = baiduimage&ct = 201326592&lm = -1&cl = 2&nc = 1&ie = utf - 8&word = % E4% BA% 94% E5% 8D% 8E% E4% B9% A6% E9% 99% A2）

清乾隆元年（1736）丙辰科进士邱元遂（字体乾，号健庵，大埔县百侯镇侯南村人），在任江西建昌知县（今永修县）期间，捐俸倡建修江书院，自此建昌文风日盛。

清乾隆四年（1739）己未科明通进士张昌甸（字钱俊，别字耕，大埔县三河汇东村人），授广州府新会县教谕，主持端溪书院。（明通进士是明、清科举会试中增加录取的榜额。在举人参加的试答卷中，选取文理明通者补授出缺学官，于正榜上续出一榜，谓之“明通榜”，这种未参加殿试而特授的进士叫“明通进士”。）

清乾隆十年（1745）乙丑科进士杨演时（又名骏绪，字式显，号办崖，大埔县百侯镇侯南村人，杨缵绪弟，“一腹三翰林”之一），不久因乾隆校考翰林、詹事等官，杨演时名列四等而被免。归家后，杨演时闭门讲学。曾自撰一副对联曰：“容膝易安，且喜藏书万卷；力田有获，何如教子一经。”后来潮州府知府周硕勋聘请他主持龙湖书院，文风大振。杨演时后来还主讲过广西秀峰书院、福建鳌峰书院。

清乾隆十年（1745）乙丑科明通进士杨缵烈（字式达，号前村，大埔县百侯镇侯南村人），授惠州府和平县教谕，后任琼州苏泉书院山长。

清乾隆十三年（1748）戊辰科进士杨天培（字孟瞻，号西岩，大埔县百侯镇侯南村人），晚年亦曾受聘主持潮州龙湖书院，著有《西岩文稿》、《西岩诗钞》等。

清乾隆四十年（1775）乙未科进士饶庆捷（大埔县茶阳人），长期在外任职，60岁后请求致士回乡，掌教肇庆端溪书院、广州越华书院。

清嘉庆四年（1799）进士宋湘（号芷湾，梅县区白渡镇象湖村人），清嘉庆六年（1801）应惠州知府伊秉绶邀请，任教惠州丰湖书院。清嘉庆七年（1802），宋湘因避当地战乱，离开惠州转居羊城，出任广州粤秀书院院长，一时嘉应州士人从学者甚众。清嘉庆十八年（1813），时年58岁的宋湘，万里南行出守云南曲靖。宋湘任权永昌府时，捐俸银170两，修复久废的永保书院，振兴当地文教。著有《红杏山房集》。

惠州丰湖书院

（图片来源：http：//baike. baidu. com/picture/872889/872889/0/7d98931041161f3e203f2e1b. html？fr = lemma&ct = single#aid = 0&pic = 1899a23ef6a061ec828b1388）

清嘉庆六年（1801）辛酉科进士王利亨（字襟量、汉衢，号竹航，别号寿山老人，梅县区松源镇园岭村人）晚年掌教韩山书院，造就不少经邦治国之才。著有《琴籁阁诗钞》。

清嘉庆十年（1805）乙丑科进士李黼平（字绣子，号著花居士，梅江区东教场背旺巷口人），主讲越举书院。两广总督阮元创建学海堂，将广州羊城、越华、端溪等四大书院门生集中于学海堂，演习经史。阮元聘李黼平阅课艺，并留授诸子经。后李黼平主东莞宝安书院，颇得时人敬爱尊重。史载李黼平主讲宝安书院时，造就英才人无数，李黼平“卒之日，白衣冠泣送者数百人”。著有《毛诗细义》、《读杜韩笔记》、《文选异义》、《绣子先生集》等。

清嘉庆十三年（1808）戊辰科举人吴兰修（原名诗捷，字石华，梅县区松口镇下坪阙里村人），曾在广州粤秀书院讲学，并被阮元任命为学海堂首任学长。史载吴兰修笃好文史，喜治经学，自称“经学博士”。他还建书楼于粤秀书院，藏书3万余卷，名为“守经堂”。著有《石华文集》、《荔村吟草》、《桐花阁诗钞》、《宋史地理志补正》、《学海堂集》、《南汉记》五卷等。

清代广州学海堂

（图片来源：http：//mp. weixin. qq. com/s? _ biz = MjM5NzUxNTQ2Mw = = &mid = 200823770&idx = 3&sn = 5da0b922b9b3c6b4a2fee46c19a22d23&3rd = MzA3MDU4NTYzMw = = &scene = 6#rd）

清嘉庆十三年（1808）戊辰科进士郑家兰（字正初，号秋皋，丰顺县留隍村人），出任福建邵武知县，晚年归故里，主讲潮州韩山书院。岭东优秀之士，多出其门下。擅长书法，行书《咏梅》珍藏在今丰顺县博物馆。著有《正初文集》四卷。

清嘉庆二十四年（1819）己卯科举人黄香铁（原名钊，字谷生，蕉岭县蕉城镇陂角霞黄村人），曾主讲韩山书院，并于道光十八年（1838）任书院山长。黄香铁才华横溢，在京师与番禺张维屏、香山黄香石、吴川林辛山、阳春谭敬昭、顺德吴秋航、黄小舟一道结为文字交，被誉为“广东七子”，著有《读白华草堂诗集》，其编修的《石窟一征》是蕉岭最早的地方志。

清道光三年（1823）癸未科进士黄仲容（号雪蕉，别字纫兰，梅城西区黄泥墩人），掌教丰湖、韩山、城南各书院，造就士人繁多。

清道光十五年（1835）乙未科进士邱建猷（字尔嘉，号迪甫，大埔县青溪镇坪砂村人），曾授山西监察史，任松江、常州等地知府，晚年返乡，先后主讲海阳、龙湖、澄海、景韩、韩山等书院，并一度任韩山书院山长。邱建猷以教为乐，曾任国史馆协修，参与《大清一统志》的编纂。

清道光二十一年（1841）辛丑科进士李光彦（原名炽昌，字子迪，梅县区松口镇郊石柱堂村人），道光二十一年（1841）任韩山书院主讲，以经学课士，著有《易铜》、《职恩斋文集》等书。

清道光二十九年（1849）己酉科副贡生黄仲安（梅城西区黄泥墩人），执掌东山书院及潮属各书院，成就后进甚多。

清同治七年（1868）戊辰科进士何如璋（字子峨，大埔县湖寮镇双坑村人），早年积极兴办洋务，后被推荐任命为清朝第一任驻日公使。回国后于1883年出任福建船政大臣，主管马尾造船厂，因马尾海战惨败，清廷将他贬戍台湾三年。清光绪十四年（1888）秋释戍还乡后，受两广总督张之洞聘请，主持韩山书院，任书院山长，著有《使东杂咏》、《袖海楼诗文集》等。

何如璋故居人境庐
（图片来源：http：//travel. meizhou. cn/trvnews/1003/25/10032600146. html）

清光绪三年（1877）丁丑科进士杨国璋（字璧臣，大埔县百侯镇侯南村人）曾于清光绪二十三年（1897）前后两次受潮人之请，主持金山书院，著有《心耕书屋诗稿》一卷。

清光绪十五年（1889）己丑科进士温仲和（字慕柳，号柳介，梅县区松口镇大塘村人），晚年到潮州金山书院讲训诂学，后任金山书院院长、潮州中学堂总教习，开创岭东考据学的风气，著有《求在我斋文集》、《读春秋公羊札记》等，同时担任《光绪嘉应州志》的总编纂。

《光绪嘉应州志》（温仲和总编纂）

清光绪十五年（1889）己丑科同进士丘逢甲（号仓海，祖居蕉岭县文福镇淡定村），无意仕途，先主讲台南崇文书院、台湾府衡文书院及嘉义罗山书院。1903 年内渡广东后，又主持并主讲潮州韩山书院，还主讲潮阳东山书院、澄海景韩书院，并与三弟丘树甲共同成立岭东同文学堂。著有《台湾竹枝词》、《柏庄诗草》，传诗万首。其兄弟丘瑞甲、丘兆甲在他逝世后将这些诗作辑成《岭云海日楼诗钞》。

丘逢甲故居

（图片来源：http：//mp. weixin. qq. com/s? _ _ biz = MzA5NTYxNjMxMA = = &mid = 200792162&idx = 1&sn = 25fd96a722e848fa91a928987896246b&3rd = MzA3MDU4 NTYzMw = = &scene = 6#rd）

清光绪十五年（1889）己丑科举人梁居实（字诗五，一字仲遂，梅江区三角镇圣人寨人）先后掌教广州羊城书院、应元书院，任监院或山长达 14 年之久，培育人才颇多，并协助丘逢甲筹划创办岭东同文学堂，参与编修《光绪嘉应州志》。

清光绪二十四年（1898）戊戌科进士何寿朋（乳名其毅，字士果，大埔县湖寮镇双坑村人），1900 年回广东后，在潮州倡设东文学堂，后又主讲潮州金山书院，选取经史中与西学相通者教授学生。著有《游西湖记》、《日本国民教育》二十六卷（与何士果、钱恂、张元节合纂）等。

……

寄寓他乡、长期在外任职的客家士人返归故里后在家乡传播文化与发展教育的典型个案，我们将在下一章中进行介绍。特别值得关注的一道文化风景是，在以上掌教他乡书院的客家士人中，有将近20人与潮属书院有不解之缘。有研究者指出清代韩山书院近八成的主讲均由客家士人担任，其中黄香铁、邱建猷、何如璋、丘逢甲等四人还先后担任过韩山书院山长，从上面的统计资料来看，这并非夸大之词。出现这种情况，大致有三方面的原因：一是潮、梅两地相与为邻，文化交流历史悠久；二是韩山书院在明清时期是粤东地区的学术中心，是岭南地区最重要的学府之一，其历史人文传统与积淀对客家士人有相当大的吸引力；三是韩山书院主持求贤若渴，想尽办法通过潮州知府、民间团体和私人等渠道，以优厚的待遇吸引客家文化精英。

韩文公祠（韩山书院前身）

（图片来源：http：//blog. sina. com. cn/s/blog_ 4feb315701017xa4. html）

（四）书院讲习的意义

书院讲习，既是一种人才培养途径，又是一种文化传播形式。尽管书院的诞生，一开始并不是为了应对科举考试，而且在历史的长河中，书院也断断续续地表现出与科举分庭抗礼的一面，但由于举业在人们日常生活中占有举足轻重的地位（特别是明清时期），也是历代寒士的一条重要人生出路，而且历代官府都在不同程度地介入书院运作，因此在中国漫长的封建时代，书院客观上还是为科举应试输送了一批人才。今天我们看到的镶在东山书院中堂大厅后墙上方的金匾“初步云梯”，便是清乾隆十一年（1746）知州王者辅为考上国子监的钟许题写的。同时，书院讲习客观上有力地推动了当地教育的发展，而当地教育的发展又反过来促进书院培育更多的举业人才。因此我们在考察客家地区教育史的过程中，会发现历史上流传于客家民间有关中举、中状元的故事，或多或少都与书院有关，这方面的内容我们将在下一章作专门介绍。另外，我们会注意到，有资格到书院讲习的，有当地官员，也有当时的名儒、当地贤达，他们的道德、文章均可谓是士林之典范。书院讲习的内容，基本上是当时的主流文化与正统道德人伦。这对文化传播、文明教化相对滞后于中原的客家梅州地区而言，显得特别重要和有意义。

王者辅为考上国子监的钟许题写的金匾：初步云梯

书院讲习的另一个重要意义，是主讲的名贤名宦以自己人格力量影响生员。中国古代社会对读书人精神品格要求很高，所谓“士当以器识为先”，“先器识，后文艺”，讲的正是一个人读书立世，首要的是内在涵养与对精神境界的培养。考察历史上客家书院那些讲经论学的山长、学长、名贤名宦，不难发现他们不仅学富五车、满腹经纶，而且还有不同于大众的胸襟与精神境界，以及深厚的世家学养。我们能够从他们身上深切地感受到传统中国读书人那种修身、齐家、化乡、治国、平天下，“为天地立心，为生民立命，为往圣继绝学，为万世开太平”的崇高品德。正因如此，他们在书院的讲学，不仅是在传播文化知识，同时还是在以自己的精神人格去潜移默化生员。如被誉为“岭南夫子”的李二何，早年在阴那山读书时即以范仲淹“先天下之忧而忧，后天下之乐而乐”的忧国忧民思想自勉，后来还誓言“不愿取天下第一科名，愿做天下第一事业，尤愿立天下第一人品”。李二何晚年修撰《程乡松口李氏族谱》，作长联家训以晓谕后人：“气质者，立身之本，人智我愚，进几分长几分见识，人强我弱，退一步益一步涵养。读书者，行好事，说好话。交朋友，待尊长以礼，御卑贱以恩，善宜奋往，过则勿惮改，慎哉！惧哉！物色也，造化是资，粗茶淡饭，减分毫添分毫福泽，夏葛冬裘，省些须添些须受用。积一善，救一命，立一功，育一生，周患难之急，济贫困之厄，水宜从源，木则须知本，记之！记之！”从读书养志到日常生活，从待人处世到积德行善，无不体现出读书人的谦卑与自省。这也是李二何“愿立天下第一人品”的形象写照。以这样修身、齐家的涵养与境界去教育书院生徒，必能培养出日后国家、社会的有用之材。又如世代“历主书院”、曾经主讲嘉州崇实及培风书院的留馀堂举人，他们除了饱读诗书，亦极注意个人精神品格的颐养，讲究能够传世的家学风范。这从留馀堂先祖取“留馀”为堂名便看得出来：所谓“积善之家，必有余庆”，“凡事必要留有余地”，都讲做人处世要与人为善。据《光绪嘉应州志》记载，张其翻曾经训导其子孙：“处己待人，总当务实，实即诚也。诚字博大精深，不易下手，实字问心即是也。勉强行之，久久渐熟，受益不少。”张其翻希望子孙能诚信做人、踏实做事，并持之以恒。该志还记载张其翻之子、主讲其中的张麟宝，“积功授知县补缺，后以同知直隶州知州，用赏戴蓝翎。晋省赈案，复赏五品衔。麟宝不以利禄动心，家居奉母以孝闻”。面对功名不为心动，居家奉母以孝闻，留馀堂如此家风，推之于世，则造福于世。孝友传家—读书中举—文章报国—著作传世，这是留馀堂读书人的一生，也是“‘留馀’家风”的一种写照。以这样的境界与情操去教育书院生徒，其效果已远远超越文化讲授。书院的讲习，不仅是一种文化的传播与教授，更是一种精神的影响与传承，一种民风的濡染。历史上客家人的气节观念与家国情怀的形成，与书院文化有深层的关系。

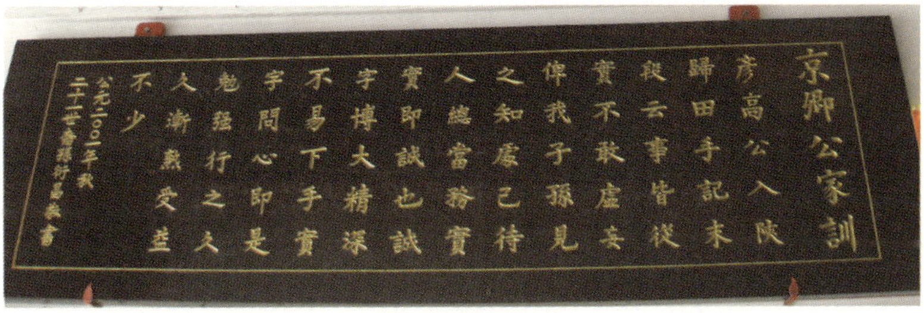

留馀堂家训

古人论教育，推崇言传身教，注重施教者的精神品格对受教者的潜移默化。书院对生员的训导，主要在两方面，一方面是思想精神层面的，它主要来自于在书院讲学的名贤硕儒或者地方名宦。从上文介绍的历史上主持或主讲客家梅州地区书院的名贤名宦情况来看，他们或勤政爱民，或淡泊功名，大都“律自甚严，丝毫不苟”，无论于学术还是品行，都多有可圈可点的地方。他们传道授业，讲学育人，为本土人才的培养、读书人精神品格的塑造等作出了巨大的贡献。刘伯骥指出宋明书院推崇“主张变化气质”，以追求至善人生的理学，这种心性之学的理论虽不一定有宗教的色彩，但对世道人心潜移默化的作用是明显的，“穷则独善其身，达则兼济天下”的思想流贯于书院之终始。乾隆之后，广东许多书院尤其注重聘请“词林洗达，经明行修”者为山长，以便能够“号召士类，开堂讲学”。从某种意义上说，书院主持与主讲的精神人格对生员的熏陶，是一种无字学规。

二　书院祭祀：教化民风

（一）书院祭祀的对象

祭祀在古人的日常生活中占有非常重要的地位。“国之大事，在祭与戎。”《礼记·祭统》云：“凡治人之道，莫急于礼。礼有五经，莫重于祭，谓以吉礼为首也。”意思是说，在治理百姓的措施中，再也没什么比礼更重要的了；礼有五种（即吉礼、凶礼、宾礼、军礼、嘉礼），没有什么比吉礼（即祭礼）更重要的了。明代每年举行的常规祭祀活动，大祀 13 项，中祀 25 项，小祀 8 项。经过漫长的历史积淀，祭祀已成为历朝历代统治阶级实行民风教化的重要途径。书院祭祀是种类繁多的祭祀活动中的一种，在书院活动中占有重要地位。中国书院发展至清以后，一般都有固定的祭祀活动。与其他地方的书院情形一样，客家梅州地区的书院一般都建有文昌阁或魁星阁，供奉文昌帝君或魁星塑像。文昌星，民间俗称文曲星，是斗魁（魁星）之上六星的总称。文昌帝君在民间主读书人的功名禄位。对于书院（或学宫）必须承祭文昌帝君或魁星塑像的现象，刘伯骥解释，因为文昌是吉星，主大贵，读书人如欲猎取科第，自然不可怠慢，必须祷祭。他认为在书院，文昌的承祀地位与仲尼先师几乎是分庭抗礼的。但由于文昌的来历不明，因此那时候士子对文昌虽然祷祭，但只有谄谀心理。书院祭祀中有遗范可範，流风感染者还是宋代五子或名贤名宦，因此祭祀文昌只为贪媚心理的遗痕，而祭祀后者则是法古心理的表征。客家书院中祭祀文昌帝君的不少，如嘉应州城的东山书院、培风书院，大埔的茶阳书院等。东山书院魁星阁中的魁星塑像，头部似鬼，身饰金粉，右手握金笔，左手持墨斗，左脚后翘，如魁字中的大弯钩，右脚金鸡独立，脚下踩着一条大鳌鱼（一种大龟）的头部，似“独占鳌头”；塑像上头镶嵌“日出东山”木匾，两旁为一对显示其威力的对联：“挥腿开千年文运，举笔点万代鸿儒。”魁星（或文昌帝君）既有如此威力，怎能不让读书人爱恨交加？

东山书院魁星塑像

2015 年高考前夕学子们到东山书院魁星阁许愿祈祷的红绸缎

不过如前所说，书院祭祀文昌帝君（或魁星），对于读书人来说，终究难免有讨好阿谀之嫌疑，多少有些难以摆上风俗教化的台面。而真正对一个地方民风教化影响重大的，还是对历代先贤的祭祀。周制规定，凡立学，必先祭奠先圣先师。东汉以后，地方学校开始兴起祭祀孔子。唐太宗时要求各州县均应立孔庙，并在地方州县学校推行祭祀孔子的制度。在明代，孔庙祭祀的地位仅次于天地、宗庙、社稷祭祀。但直至明洪武十五年（1382），经朝廷颁诏，地方学校每年春秋仲月通祭孔子方才得以真正落实。明代学校有国学和府、州、县学之分，书院祭祀是当时学校的一个重要活动。不过祭孔虽然已成为历代封建王朝的专门祭祀活动，但地方书院奉祀的对象仍有其地方色彩的一面，即除了祭祀孔子及先秦四圣（颜回、曾子、子思、孟子）、北宋五子（周敦颐、邵雍、张载、程颢、程颐）之外，同时还祭祀与本书院有关的创始人、地方名宦名贤等代表人物。这种情况在历史上的岭南地区颇为普遍，其原因主要是岭南地区文明教化开发比较迟，又是著名的谪官流放地。刘伯骥当年在谈到广东的书院祭祀时亦认为宋元两代的广东书院，差不多纯为祭贤祠。后来的书院也多有这种性质。他进一步指出当时广东书院所祭之名贤，以北宋五子为首，流寓或地方的名贤次之，名宦又次之。而其中的名贤，又必须是在学术或者风教上曾经产生过重要影响、被后人仰慕的人。

（二）客家书院奉祀的名宦名贤（部分）

历史上客家梅州地区书院供奉祭祀的状况，基本上如刘伯骥所言。下面我们重点介绍嘉应州城客家书院奉祀的一些书院创始人及与本书院有关的地方名宦名贤等代表人物的主要事迹：

刘元城：属地方名宦，同时赐封为地方寓贤。奉祀书院：元城、双忠、七贤、九贤、程江、培风等书院。方志史料中一直记载有“山神迎刘元城”逸事：传说刘元城贬谪梅州，途经山中，在一大树下休息，一条大蛇缓缓爬来，过路担夫惊而避之，刘元城却安然不动，与蛇对视。良久，蛇方离去。村民拜曰：“元城公乃奇伟之人啊，蛇是此山之神，见您远道而来，特在此迎候。”刘元城后来多次被贬谪他乡，晚年客居成都，任中书舍人。北宋宣和七年（1125），坐而逝，寿七十八。

文天祥：属地方寓贤。奉祀书院：双忠、七贤、墨池、九贤、程江、培风等书院。文天祥字宋端，一字履善，江西吉水人，南宋末大臣，抗元英雄。文天祥年二十即举进士，对策集英殿，帝亲拔为第一。南宋咸淳九年（1273），起为湖南提刑，第二年改任赣州知州。德祐初，江上报急，朝廷下诏天下招募勤王，文天祥捧诏涕泣，发郡中豪杰，招万人起兵，八月提兵至临安府。不久朝廷授文天祥右丞相兼枢密使之职，并派文天祥前往元军讲和。文天祥与元丞相伯颜抗论于皋亭山，丞相气愤地拘押之。文天祥随元军北上到镇江，趁夜色与其客十二人逃亡入真州，辗转至高邮，再泛海至温州。其时文天祥闻益王未立，乃上表劝进，以观文殿学士的官职，召至福州，拜右丞相。七月，以同都督职出任江西。遂行，收兵入汀州。南宋景炎二年（1277）正月，元兵入汀州，文天祥遂移兵漳州。四月，入梅州，都统王福、钱汉英跋扈，文天祥斩以示众。五月，文天祥出江西入会昌。六月，入兴国，江西宣慰使李恒将兵攻天祥于兴国，文天祥收残兵奔循州（今龙川县），驻南岭。南宋景炎三年（1278），进屯丽江浦。八月，朝廷加封文天祥少保、信国公。十一月，文天祥进屯潮阳县。十二月，趋南岭。时文天祥正在五坡岭吃饭，张弘范兵突至，文天祥仓皇出走，千户王惟义上前抓住他。文天祥被押解到潮阳见张弘范，左右元军命令他叩拜。他拒绝投降，张弘范于是用宾客的礼节接见他。文天祥与元军一起进入崖山，张弘范让文天祥写信招降张世杰，文天

祥说："我不能保卫自己的父母，却教唆别人也背叛他的父母，这可能吗？"张弘范还是坚决要求他就范。文天祥于是写下流传千古的名作《过零丁洋》以表决心，诗的最后一句是："人生自古谁无死，留取丹心照汗青！"张弘范笑而置之。攻下崖山后，张弘范派人护送文天祥到京师，文天祥在途中八天没有吃东西，却没有死。文天祥在燕京被囚了三年，始终不屈服，于是元世祖召文天祥入朝，对他说："你还有什么愿望？"文天祥对曰："天祥受宋恩，为宰相，安事二姓？愿赐之一死足矣。"然上犹不忍，遽麾之退。文天祥临刑时非常镇定，对押解的卒吏说："吾事毕矣。"向南方叩拜而死，终年四十七岁。几天后，他的妻子欧阳氏前去收尸，文天祥的面容同活着的时候一样，他衣带中有赞文道："孔子教导成仁，孟子教育取义，只有自己尽了道义，仁德才能实现。我读圣人贤人的书，所学到的难道是别的东西吗？从今往后，大概对圣人贤人的教诲没有愧疚了。"据史料记载，南宋景炎二年（1277）三月文天祥至梅州，始与一家人相见。其驻梅期间招募士兵，以图兴复，令人于兴宁取蔡蒙吉尸，拟文祭而葬之。他还斩杀了两个不遵规循法的部下都统王福、钱汉英，使军政从此一新。自是出会昌，不久有空坑之败，妻妾子女皆被俘虏。三年后，子与母皆死。十二月遂有五坡岭之败，此所以文天祥被拘押燕狱时，追忆梅州而有《集社诗》之缘由。清代程乡知县刘广聪作吊文天祥之诗句"千载啼鹃犹带血，教人常忆沁园春"。梅州人至今景仰文天祥之忠义，奉祀于培风等书院。

狄青：属地方寓贤。奉祀书院：七贤、九贤、程江、培风等书院。狄青，字汉臣，汾州河西人。宋皇佑中，广源州蛮侬智高造反，致岭外骚动，狄青统兵率之。狄青所统兵士取道梅州，法令严肃，寓州境旬日，秋毫无犯，市不易肆，行旅安于途。时军士患疾疠，狄青祈祷于曾公祠，井水泛溢，取饮之悉愈。凯旋之后，民思其德。有关狄青祈祷于曾公祠一事，《宋史·狄青传》认为乃当地父老乡亲传闻，历史上并无记载，真实的情况是：狄青统兵至程邑之初，曾困塞于该地瘴雾，又谣传叛贼投毒于河水上游，许多兵士饮后死亡。狄青为此忧心。一天傍晚，狄青见有泉涌出于岩下，捧吸口感甘洌，兵士因此得救。清代程乡知县刘广聪有诗赞狄青："貔貅十万护旌旗，传是将军灭寇时。刁斗不惊流泽远，千秋瞻仰拜公祠。"

蔡蒙吉：属于地方名贤。奉祀书院：七贤、九贤、程江、培风等书院。蔡蒙吉是地方为国家保举推荐的济世之才，属于地方乡贤，蔡若霖（南宋嘉定四年即1211年进士）之孙、蔡天定（淳祐四年即1244年进士）之子，南宋宝祐四年（1256）进士。蔡蒙吉生而颖悟，八九岁能背诵五经，师从进士侯安国，学《春秋》，了其大义。年十二应童子科，赐进士出身，授迪功郎；再殿试铨衡，复中第一名，官加三级，授从政郎、韶州司户兼司法。未之任而丁世变，元兵入侵日逼，蔡蒙吉毅然就任知州汤执中授命的梅州签书事、义兵统督，统兵6000余人，捐俸、家财以充军饷，开仓赈济灾民。期间，蔡蒙吉还捐土地创建松源堡义学，开梅州设义学之先河。南宋德祐二年（1276），元招讨使易正大陷梅州，蔡蒙吉率义兵抗战，坚守州城半月多，终于兵败被俘。易正大拘押蔡蒙吉于兴宁，指使已降元的蔡蒙吉属下陈一元诱降蔡蒙吉。蔡蒙吉斥骂："吾但尽忠报国耳，宁肯从人奴苟生哉！吾乃宋臣，世食宋禄，决不投降，望速杀之！"蔡蒙吉就义时才32岁。其尸暴于野，三日颜色如生，一元讶异而葬之。南宋景炎三年（1278）三月，文天祥收复梅州，嘉其忠，为文祭之，收骸骨归其乡（梅县城郊牛岗坪，清乾隆年间迁葬于梅县饶塘堡练坑村）葬之。后人为纪念蔡蒙吉，将其入祀梅州学宫至圣先师庙、七贤祠。同时在其原乡松源祠堂内镶嵌文天祥亲书的"忠孝廉节"匾，祠堂门首竖建"三代进士德泽坊及童魁坊"，以彰其家学渊源，还在松源祠堂建神童书院（又名蒙吉书院），以育人才。其遗诗《游王寿山》颇显胸臆："王寿山头石径斜，不知何处有仙家？烟霞踏遍芒鞋破，一路春鸠啼落花。"知县刘广聪有诗赞蔡蒙吉："当年作赋神童子，便是杀身报国臣。节义文章自一事，朱颜千载照苍旻。"

蔡蒙吉故居

程旻：属于地方名贤。奉祀书院：七贤、九贤、程江、培风等书院。程旻生于南齐，祖居河南弘农（今河南灵宝市南），因避战乱举族南迁，后至南海义安郡坝头官窝里（今平远县坝头），见此地山清水秀，如世外桃源，遂结庐江滨，定居于此。程旻诚实淳朴，不尚奢华。生性嗜书，不慕荣达。平素以忠信结人，和邻睦族，乡人膺服其品行道义。乡邻遇有不平之事，不诉讼于官府，常请程旻分辨是非曲直，心服其裁决而返。一些心怀诡诈的人，远望其庐自我省责而回。程旻历梁、陈及隋，年九十余乃卒，墓葬坝头村北大榕树下，呈螃蟹形。生子三，长子程松，一生以孝谨闻，隐居不仕，终日和声细语，待父母从无大声疾语。次子程杉，先为参军，后以学行征，领司州弘农郡守。罹父忧，葬父后，值天下大乱，遂去官归隐于攸县（今湖南）。程杉习静日久，绝有神异，常端坐，默如泥塑，一语出辄预知人祸福。乡人每值旱涝，往拜祷之，程杉许诺辄应。程旻到梅州后，以德化人，以信义服人。为与邻和睦相处，程旻学习当地语言；为教化原住民，程旻办私学，教导乡里子弟识字知礼，传播中原文化。他辟山道，建凉亭，修水利，改变当地刀耕火种的落后面貌。程旻制造的犁，简朴、实用，后世称为“程犁”。他还常周济困苦。后人思其德，将其原居住的平远坝头乡称为义化乡。客家梅州民间“先有程旻，后有程乡”的说法，即是为了纪念程旻。梅县（梅州）建制以来，到清嘉庆十七年（1812）撤程乡县、升格嘉应州为府，经常州（府）县兼置，期间除了疆域略有变动，并一度被称为义安县外，还曾被称为敬州、梅州、嘉应州、嘉应府，此中有1000多年均被称为程乡。宋代徐庾曾赋诗称赞程旻：“程旻当年一匹夫，不操三尺制顽愚。片言能使众人服，万代江山与姓俱。”明洪武年间，举孝廉，推崇以德治天下，程乡县学正陈学礼于明洪武十三年（1380）撰文追赞程旻义化行乡，建两栋公祠。明万历十三年（1585），程乡知县林欲昂立“程处士碑记”于祠内。明万历四十三年（1615），李允懋任平远县县令时，让人在进入闽粤赣之古驿道梯云岭摩崖大石上凿刻“百粤高人”四字。清代程乡知县王仕云的《七贤书院碑记》把程旻列为七贤之一，后任知县刘广聪有诗赞程旻句“沧海桑田知几许？到今犹号是程乡”。乾隆嘉应州学正程岩到程乡督学时，亲题“百代儒宗”大匾立于程乡县治（今梅江区署）程公祠上厅，后来嘉庆壬申年（1812）

学正程国仁亦题“人伦楷模”、“风起百代”两匾于公祠下厅梁上。在梅州，至今仍有程源村、程义峰、坝头中学（平远）、程江、程江桥、义化路、程氏公祠、程江镇（梅城）等，以纪念这个“客家先贤第一人”。1994 年第 12 届世界客属恳亲大会将程旻列为世界 118 位名贤之首。2008 年，时任梅州市委书记刘日知、已故作家程贤章倡建的程旻故居纪念馆在平远县坝头村官窝里落成。刘日知还以笔名梅子撰写了《程旻故居重建碑记》，称程旻“本望族，至坝头时已为一介布衣，然其隐而不晦，勤耕读、薄功名、倡睦邻、兴教化，德孚乡里，为时人所敬，声名远播。隋大业三年朝廷为表彰处士功绩设程乡一县，予以褒扬……地以人重，其行可知！时历千载，遗风犹存，为世景仰……”

程旻故居

（图片来源：http：//www. cnhakka. com/forum. php？ mod = viewthread&tid = 35899）

陈燕翼：属地方名宦。奉祀书院：七贤、九贤、程江、培风等书院。陈燕翼字仲谋，号醴泉，福建侯官人，崇祯七年（1634）进士。明崇祯八年（1635）任程乡县令。陈燕翼丰仪隽朗，学问渊博，性情恬淡，奉公尽职，抱负远大，抑暴爱民，与百姓同乐，有古循史（良吏）之风。任程乡县令期间，西北流寇造事繁多，唯岭南一带仍免于兵戎。陈燕翼修建五忠祠于嘉应州城东攀桂坊，奉刘元城、文天祥、张九龄、狄青、蔡蒙吉五贤；倡建铁汉楼，塑刘元城像祀之，以示景仰往哲之情怀。又修复慈云阁，加增城隍庙，在周溪北面改建射圃供

生徒训练习射，闲暇之时亦与门人张琚（其事迹见前面“周溪书院”内容介绍）及邑之后起之秀习射其中，并说道：“方今天下多事，习射上可为朝廷出力，下可捍御乡里。”及至明末之乱，邑人想起陈燕翼当年所言，不禁感念之至。陈燕翼任程乡县令期间，声振一时，深受邑地百姓爱戴，所谓“宦不求名，名自归之”。陈燕翼故后被奉祀七贤书院，张琚也在其周溪双峰斋故居立祠，世代奉祀。

惠士奇：属地方寓贤。奉祀书院：程江、培风等书院。惠士奇号半农，苏州吴邑人。清康熙四十八年（1709）己丑科进士，官至翰林编修。惠士奇 49 岁时任广东提督学政，两任粤东学政。他劝学兴行，选拔真才，一反前督学陋习。先时广东特别是粤东寒士，皓首读书不获博一衿，而程乡能文者，被埋没压抑的尤其多。辛丑癸卯间，惠士奇允许他们冒籍参加潮属各县通考，程乡士人通过考试进入县学者达百余人，读书人的志气从此高扬起来，参加科试者逾半都被录取。此前程乡每岁科试，入县学的名额只有 8 人，后经惠士奇奏准增至 12 人。后来，惠士奇又奏请将程乡县学升格为府学，每岁科试入学的名额增至 15 人，永著为例。嘉应州人知道穷经读古，实倡自惠士奇。清雍正四年（1726）丙午夏，惠士奇以侍读学士（该官职主要配置于明清内阁或翰林院，任务为文史修撰、编修与检讨），乞休归里。惠士奇次子惠栋，年少好学，后专以经术为本务，不问世故，专门著述讲学。惠士奇携其子惠栋来游嘉应州，士感激慕悦，悉操舟出迎，观者如堵。父子寓住九贤祠两个月，程乡邑人天天馈猪酒不绝。偏僻孤远的乡村对惠士奇闻风仰教，都执文赶来请教。惠士奇对来者和蔼肫诚，论文订古，娓娓不倦，求诗文辄应，尤喜表扬孝义节烈，嘉应邑人更加心怀感激。惠门弟子有成就者很多，就连王鸣盛、钱大昕、戴震等名家也曾执经问难。惠士奇离世后，嘉应邑人制木牌像奉入祠以祀之。

王仕云：属地方名宦。奉祀书院：程江、培风等书院。王仕云，名望如，号桐庵老人，江南江宁籍徽州歙县人，清顺治九年（1652）壬辰科进士，两任泉州衡州司季，俱以明察诚信而影响广大。后被免去原职，等候补缺，清康熙七年（1668）改任程乡县令。王仕云刚刚上任，即关心民众疾苦，改革时弊，整治邪恶，振兴士人风气，领绅衿耆老在儒学堂讲授乡约，申明“圣训六谕”，时时以礼乐教化为先。另重修铁汉楼、城隍庙，捐俸予乡绅营建文澜门，楼上祀文昌星，重修学宫、七贤书院。百姓爱戴如父母，王仕云离任后，阖邑思念，于南门城外树石碑以供万代瞻仰。旧志录有其遗文《重修北牌楼记》、《鼎建南楼碑记》、《七贤书院碑记》、《重修城隍庙碑记》及诗文《梅州署中睡起》、《文起南楼》等，中有佳句“须臾枕上来各卧，睡起谁分先后天。事显昼图休作字，琴中山水莫安弦”、“芳草忘言李学士，晴川得意葛神君。南楼自古多明月，正好登高理见闻”，颇为传诵。清康熙二十二年（1683），知县王吉人于七贤祠（亦即后来的程江书院）之左筑室奉祀。

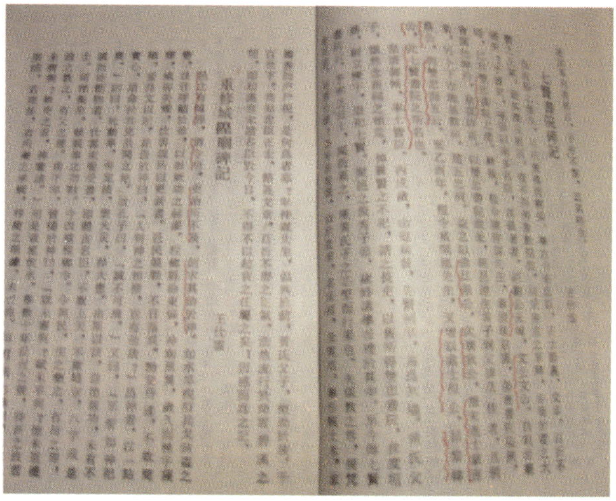
七賢書院碑記

重修城隍廟碑記

王仕雲

王仕云《七贤书院碑记》、《重修城隍庙碑记》

王吉人：属地方名宦。奉祀书院：程江、培风等书院。王吉人号天与，福建晋江人，崇祯甲戌年（1634）武进士，清康熙十五年（1676）随康亲王出征福建、广东，清康熙十六年（1677）任程乡县令。王吉人赴任前，海贼占据程乡，将城厢、都堡拆毁一空，当地乡绅、民众不得不避居村寨。另外，之前每逢十月初一，现役有上堂陋规，王吉人上任后立即废除。由于治理有方，四周民众闻风归附，被迫流亡的乡民得以复业。康熙戊午年（1678）春，数以千计的流寇突然蹿至长沙罗衣，王吉人亲自统领官兵、乡兵前往歼灭，追回被掳妇女、财产，还给难民，民众欢呼之声响彻山谷。任程乡县令期间，王吉人捐俸重修七贤祠，增建合来亭。王吉人任县令十年，深受当地民众爱戴。清康熙二十年（1681），因修筑海防衙宇，为民省费，被诬陷，王吉人不得不辞去县官一职。民间甚惋惜，合邑为之筹措盘缠，方得回归故里。

陆典：属地方名宦。奉祀书院：锦江等书院。陆典号仰峰，浙江崇德人，明万历辛丑年（1601）进士，原为潮州太守。明万历四十五年（1617）发仓廪赈济程乡饥荒。后奸徒盗发，设法屏息。勤于课士，尝捐俸金给在学生员作为膳食津贴，广励士气。及请告东归时，又捐出俸金60余两给林欲昂作为考核士子的学业用。告归之日，程乡士民，相率涉江，尾公行者数百人，皆前政所未闻也。

林欲昂：属地方名宦。奉祀书院：锦江等书院。林欲昂号豫章，福建晋江举人，明万历四十四年（1616）任程乡知县。林欲昂性情温惠，风矩严明，下车即咨小民疾苦利病。训导士人潜心学问，勿贪图仕途；告诫百姓和睦相处，勿滋事诉讼。任程乡县令期间，林欲昂诚心务政，县邑秩序井然，百姓安居乐业。后逢灾年歉收，林欲昂与时居家、方为孝廉的太史李士淳商榷劝赈，并嘱咐处事公正、年高德重的乡贤李搏宇、余思润细查贫户，计口发米。林欲昂亦单骑至各乡，逐名散给，救活百姓无数，饥民乱而复定。林欲昂故后邑人在锦江书院奉祀之。

王者辅：属地方名宦。奉祀书院：东山、培南等书院。有关事迹见本书前面相关章节。

乾隆年间嘉应州知州王者辅像

（图片来源：http：//image. baidu. com/i? tn = baiduimage&ps = 1&ct = 201326592&lm = －1&cl = 2&nc = 1&ie = utf－8&word）

罗孟郊：属于地方名贤。奉祀书院：探花、墨池等书院。罗孟郊字耕甫，号休休，兴宁县刁坊镇罗坝村人。其父官居福建汀州刺史。相传罗孟郊母亲怀他时，经过家附近的横湖，过渡无艄公，舟自横渡。罗孟郊自小便很聪明，由于父亲早逝，他侍奉母亲极为孝顺。因家境贫穷，常在附近边放牛边读书。一天，罗孟郊在家附近的长陂岭放牛，一山中老者（隐士）路过，与罗孟郊交谈，老者甚为惊奇。罗孟郊告诉老者：父已早丧，但因家贫，一直未葬。老者指示给罗孟郊一块地方，于是罗孟郊便葬父于此。二十岁时，罗孟郊在罗岭结茅为学馆，村中弟子从其学者甚众，罗孟郊悉心指点，弟子们进步很快，兴城学风从此大振。罗孟郊常常夜读至深，发现山上有五色光气。民间传说这是神光山山神石古大王念罗孟郊知礼好学，特将神灯一盏高悬上空，供其映读。“神光映读”的故事从此流传了下来。读书之余，罗孟郊还苦练书法。传说他洗涤墨砚于山中泉水池，池水变黑，待数日后方清。后人将其当年洗涤墨砚的泉水池称为“墨池”。明正德年间为兴宁县令的江南才子祝枝山勒石为83字的《墨池铭》，竖于池边，铭文有云：“天作高山，下有汪泉……”明万历年间，县令陈应荐亦书“墨池”二字刻碑立于池边。明宣和六年（1124），罗孟郊上京城开封府应试，考取进士并中探花，官至谏议大夫、翰林学士。因不满朝中小人乱政，思乡心切，曾赋《京中怀旧》诗一首：“一自题名后，思归何日归？虽然着官锦，不及舞斑衣。故里桑榆晚，他乡雨雪霏。庭前停玉轸，目前雁南飞。”遂乞请回乡奉养老母亲并得恩准。老母亲冬日想吃鲶鱼，罗孟郊即冒严寒下池塘捉鲶鱼烹饪给老母亲吃。此事在乡间传诵甚广，后来乡人将此捉鱼的池塘称作“曾子湖”。罗孟郊一生正气凛然，不畏权奸。在京任职期间，奸臣蔡京擅权，朝政日非，罗孟郊疾恶如仇，于是授意大学生陈东等上书，揭露蔡京等六人罪行，称他们为“六贼”。不久，宋钦宗便把“六贼”中的王黼等治罪。当金人南侵时，宋钦宗慑于金人的气焰，欲罢免主战派右丞相李纲的职务，以讨好金人。罗孟郊又授意陈东等大学生发动京城数万民众，伏阙上书，请求留用李纲为国效力。及后宋高宗南迁，秦桧当权，阴谋与金人议和，罗孟郊与叶三省等人极力反对，秦桧恨之入骨，命御史罗汝揖奏谤罗孟郊等“饰非横议”。南宋绍兴二十一年（1151），罗孟郊被贬谪到兴国军（行政区名，今湖北阳新县）。起程之日，不少京官前来泣别，罗孟郊谢道："吾本豫章柏林族也，兴国军盖故乡，天下事至此，为之奈何！吾今无意于人世矣，诸公勉以报国，不必为吾偷生者念。"次年，罗孟郊抱着满腔忧愤在贬所逝世，终年 62 岁。秦桧死后，宋高宗下诏复用罗孟郊等 53 人，得悉罗孟郊已去世，遂追封他为礼部尚书，敕葬兴国军甘棠山。

明万历年间兴宁县令陈应荐手迹"墨池"

李士淳：属地方乡贤。奉祀书院：松口、立诚等书院。有关事迹见本书前面相关章节。

李士淳故居"世德堂"

（图片来源：http：//www. meizhou. cn/news/0809/26/080926070. html）

以上列举的仅是客家书院所祀名贤中的一部分。从中我们不难看出这些名贤名宦对历史上客家梅州地区文明教化开发的贡献。刘伯骥指出书院祭祀名贤具有正学统、树师模、寄章程等意义。

（三）客家书院祭祀的基本仪式

与国朝其他地方的情形一样，历史上客家书院每年春秋两季仲月（即农历二月和八月）丁日都要举行隆重祭祀活动。书院祭祀的基本仪式，其前期准备与祭祀过程和学宫的情形大致相同，下面对书院祭祀的基本仪式予以简单介绍。

1. 祭祀前的准备

一是祭祀物品与祭祀器皿。如盛猪、羊等祭祀用牲的器具俎，盛黍、稻、稷、盐、枣、栗及其他祭物的簠、簋、登、笾、豆、尊、篚、爵、香盘等器皿，粘贴祝文的方版等。

书院祭祀器皿・俎

书院祭祀器皿・笾

书院祭祀器皿·簋

书院祭祀器皿·簠

书院祭祀器皿·豆

书院祭祀器皿·尊

书院祭祀器皿·爵

（以上图片来源：中国古代器皿图案）

二是祭祀工作人员（古称“礼生”）的安排。如负责致祷辞的司祝，负责焚香的司香，负责祭祀丝织物的司帛，负责摆放祭器的司爵，负责清洁祭器的司洗，负责膳食的司馔，以及负责祭祀器乐、典礼仪式的典器，担任引礼、赞礼的引赞等其他工作人员。

三是祭祀场地的布设。如在祀庙稍偏西之处摆放祝案并准备好祝版，在祀庙中央摆设香案并放好垆镫，在祀庙东序南及东序各摆设一张小桌并摆放好馔及尊、篚、爵、香盘等相关祭器等。

四是省牲、习仪、斋戒。祭祀的前一天晚上，书院监院要率领负责祭祀的主要人员到宰杀用于祭祀的牲口的地方省牲，执事者设香案于牲房外，并将宰杀祭祀牲口的毛血祭毕后掘坑掩埋（据说以此表示滋润土地，万物循环）。同时温习祭祀仪式，以免正祭之日出现疏漏。有三年之丧者不能参祭，其他参祭生员，应准备好仪服并持斋养性，不得造次失仪。

祭祀前的准备，每一个环节都很重要，特别是习仪与斋戒。《明太祖实录》云：“戒者，禁止其外；斋者，整齐其内。沐浴更衣，出宿外舍，不饮酒，不茹荤，不问疾，不吊丧，不听乐，不理刑名，此则戒也；专一其心，严畏谨慎，苟有所思，即思所祭之神，如在其上，如在其左右，精白一诚，无须臾间，此则斋也。”简单地说，祭祀前的斋戒，目的在于培养祭祀者纯净虚空、虔诚敬畏的心境，以表达对祭祀对象的景仰。正如一研究者所说：“斋戒的目的就是在祭祀这一与神灵交通的神圣时刻开始之前，使自己的身心修为臻于完备。”否则，与神明的沟通会被认为是一种亵渎。（李媛：《明代国家祭祀制度研究》，中国社会科学出版社2011年版。）

2. 祭祀当日

天刚亮的时候主祭者（院长）、陪祭者（监院，仅次于院长，负责院内总务）进入庙，在更衣所恭候，其他参祭生员与祭祀者均在庭中就位，执事者入庙，跪叩（二跪六叩首），后拱候于庙中东西面北上，负责祭祀器乐与膳食及典礼仪式的工作人员各就各位，皆面西，担任引礼的礼生引领主祭者和陪祭者站立于东序，接着庖人进牛羊牲口等祭品。

3. 祭祀的仪式和过程

（1）起鼓。执事者各司其职，主祭者就位，礼生引主祭者到盥洗所清洁，再回到北面祭拜位拱立。

（2）迎神。礼生引主祭者到香案前下跪，礼生上香，司香者跪下奉香，主祭者跪着接香拱举，司香者接香燃香于垆镫。主祭者一叩不赞，三上香亦如此。主祭者平身后由礼生引领回原位，礼生行二跪六叩首礼，平身，复位；陪祭者与其他祭者均仿行二跪六叩首礼，司馔上祭品，告退。

（3）奠帛。行初献礼：司爵奉一爵到盥洗所，清洁毕，摆回案桌。礼生引主祭者到神位前跪下，礼生奠帛，司帛跪奉篚，主祭者受献，一叩不赞，司帛奠之——篚在簋南。司爵勺酒于爵，礼生奠爵，司爵跪奉爵，主祭者受爵，一叩不赞，司爵奠之。礼生引主祭者就读祝文位置，礼生下跪，主祭者及陪祭者皆下跪。司祝跪读祝文：

维某某某年仲秋朔越丁，后学某某书院主讲某某，某某书院监院某某，率肄业诸生童等以清酒庶馐之仪，致祭于先贤周子濂溪先生、先贤程子明道先生、先贤程子伊川先生、先贤张子横渠先生、先贤朱子考亭先生暨历代先儒乡先生神位前曰：惟先贤学崇邹鲁，道贯古今。光风霁月，致知力行。师表髦士羽翼圣经。斯文不坠，大道昌明。兹当丁祭，典礼恭承。聿将庶品，式荐明馨，尚飨！

读毕，奉祝版置于篚，三叩首而退。司赞三叩首，平身，陪祭者与其他祭者均仿行此仪式。礼生引主祭者复位。

（4）行亚献礼。司爵洗爵，复充实以酒，礼生引主祭者到神位前跪下，礼生奠帛，主祭者受爵如初献礼，左授司爵奠于左，在前爵之左。叩首，平身，复位，礼生引主祭者复位，仪式如前。

（5）行终献礼。司爵洗爵，复斟以酒，礼生引主祭者到神位前跪下，礼生奠帛，司爵进爵，主祭受爵，仪式如前。右授司爵奠于右，在前爵之右。叩首，平身，复位，礼生引主祭者复位，仪式如前。礼生行二跪六叩首礼，凡参祭者皆行跪叩礼。平身。

（6）撤馔。司馔依次撤簠、簋、笾、豆回案桌，由庖人倒入其他器具。清洁并藏好祭祀器乐。

（7）送神：礼生行二跪六叩首礼，平身。凡参祭者皆行跪叩礼。

（8）奉祀帛送燎：司帛奉篚，司祝奉版出，主祭者避立于位西，竣过，礼生引主祭者至燎所，视燎毕，乃退。

4. 祭祀的结束

祭祀仪式完成后，书院诸生至教忠堂北面依年序拱立，院长面西，监院东面少南，诸生三揖，院长受二答一，监院受一答二，院长答揖退，诸生东西面相揖各退……

从上面的介绍中可见书院祭祀过程仪式的复杂，不过也正因如此，体现了祭祀的庄重与震慑的力量。书院的祭祀，重在不厌其烦的过程与隆重庄严的场面。祭祀所要达到的效果，主要也是通过这些“繁文缛节”和参加祭祀者的虔诚言行举止来实现的。

（四）书院祭祀对客家民风教化的影响

“灯火夜深书有味，墨花晨润字生香。”张资平后来回忆起自己在留馀堂的童年，他说记忆最深的还是其曾祖（张其翻）为其父亲书房撰写的一副对联。据说当时每年除夕，留馀堂的年轻人必写作文一篇，否则不得入堂参拜祖宗。虽为“传说”，但仍能让人想象留馀堂弦歌不绝的、浓厚的“家学”之风，以及祭祀在留馀堂所占的分量。一个地区的民风教化是该地区长期以来文化积淀与濡染的结果。对客家地区而言，这种积淀与濡染，显然与中原文化通过倡设书院、兴办教育等途径，不断渗透、传播与实践传统文化的影响密切相关。而祭祀作为一种文化传播与教化民风的特别仪式，由于其场面的庄严隆重和过程的示范性，具有不可替代的作用。正因如此，我们从书院的祭祀活动与仪式考察其对客家梅州地区民风教化的影响，也许更能生动形象地看到历史上的书院对中原文化的传播与客家文化形成的过程。书院祭祀活动能够凝聚和唤起祭祀主体强烈的情感共鸣，并向参观祭祀的民众传递活动的精神文化信息。祭祀活动的仪式本身，其实已包含了丰富的文化内容。英国人类学家维克多·特纳在《仪式过程——结构与反结构》一书中指出，“仪式能够在最深的层次揭示价值之所在……人们在仪式中所表现出来的，是他们最为感动的东西，而正因为表达是囿于传统和形式的，所以仪式所揭示的实际上是一个群体的价值”。可以说，仪式的开展过程，同时即是文化内涵的展开过程。作为一种群体性活动，书院祭祀的影响力显然不能低估；而祭祀活动的制度化与日常化，对社会有重大的潜移默化作用。

嘉应州旧志云：“学校之设，所以叙彝伦、广教化、美风俗也。”古人把阐释伦常、普及教化、淳厚风俗这些重任寄托在学校（当然也包括书院）的倡设上，看来并不无道理。清乾隆十五年（1750），嘉应州知州王之正在州衙前照壁题“人文秀区”四字，这是一个客居他乡的地方官对客家梅州地区所作的比较高的赞誉。现存地方文史曾这样描述客家梅州地区的民情风俗：“士大夫谨约自好，以出入公庭为耻。温饱之家，益敦俭素；输赋奉公，不事鞭扑。”其意为：读书人严于律己，遇事以对簿公堂为耻。一般温饱家庭，尤为节俭朴素；缴纳赋税遵规守法，不徇私，无须动用刑罚。大文豪苏轼曾有言：“……嘉应，本潮属也。古为程乡，义化之风濡染，尤切先儒。”广东大儒陈白沙的《学记》亦云：“程乡风俗，善多而恶少，其由来久矣。我国家文教覃敷，百余年来文教之所渐磨，礼乐之所陶淑，沦肌浃髓，无间幽遐，嘉虽僻壤，犹是声教之区，乌在不足征道，一同风之盛哉。”在陈白沙看来，嘉应州虽地处僻壤，却是声教之区，极重视文化教育，注意以礼乐陶冶邑人情操，文教风气颇盛。崇文重教、尊奉先儒、民风淳朴、民性醇厚，这可谓是以上史料谈到客家梅州地区民风时的几个关键词。这种民风不能说与历史上客家梅州地区书院、学宫等常年举行的祭祀活动、邑人的耳濡目染毫无关系。

三　书院学规：士人品格

简单地说，书院学规是书院为了培养人才而制定的教育方针和学生守则。台湾新竹清华大学李弘祺认为，作为源于私人讲学的书院，尽管到明代以后，随着书院的不断发展，书院承担的功能（如讲学、祭祀、科举人才的培养等）不断增加，书院学规逐渐增添了不少带有惩罚性质的内容，但就总体而言，书院学规，特别是明代之前的书院学规，一般都是从正面教诲求学者提高个人身心教养，进而追求道德生命的理想。借用近年流行的一个词就是，明代以前的书院学规，主要以宣扬“正能量”为主。

由于各种原因，我们现在已很难看到历史上客家梅州地区书院留存下来的比较完整的书院学规了。邓洪波主编的《中国书院学规集成》（上海中西书局，2011）虽收录了《墨池书院祀田膏火章程》（附后），但其内容主要还是属于书院经费管理和使用方面，有关掌教，特别是生员操行要求与日常行为管理方面的内容基本没涉及。下面我们围绕客家书院学规话题侧重选取几个角度，为我们今天认识和把握客家书院学规的基本要义提供一个回到真实历史情境的条件，以此了解书院学规对客家士人精神品格的塑造。

（一）书院生员的入学与肄业资格

这是大多数书院学规都会涉及的一个内容。总的来看，书院学规对生员资格都有比较严格的要求。清代州立的书院一般每年都有一次招收属内各地肄业生童的机会，由州（县）宪官主政，如兴宁墨池书院在清嘉庆十六年（1811）的报考甄别时间为农历二月之前。招生名额（学额）则主要依书院膏火经费而定，分为正课（内课）（住宿书院生员，相当于现在计划内、住宿学生）、外课和附课（非住宿书院生员，相当于现在扩招的、非住宿生）三种，每课又分为生监、童生两种。其中正课学额比较稳定，后两种则主要根据每年投考的人数而定。清嘉庆十六年（1811）墨池书院的招生人数是 24 人，清嘉庆十七年（1812）东山书院的招生人数是 15 人，均为正课生。肄业期限一般为三年。书院招生对投考与录取者资格的审定与要求甚高，规定“从游之士，亦必立品勤学”。刘伯骥特别提及乾隆年间对书院投考与录取者的要求，如清乾隆元年（1736）奉上谕：凡书院山长，必选“经明修行足为多士模范者”，“负笈生徒，必择乡里秀异沉潜学问者，肄业其中；其恃才放诞、佻达不羁之士，不得滥入书院中”；清乾隆九年（1744）礼部下诏：“通行各省督抚会同学政，将现在书院生徒，细加甄别，务使肄业者，皆有学有品之人，不得莠良杂混，即令驻省道员，专司稽查。”同年礼部再下诏：“嗣后各省书院肄业之人，令各州县秉公选择报送，各布政司会同专司稽查之道员，再加考验，其果才堪造就者，方准留院肄业，毋得滥行收送。”刘伯骥认为清代书院如此严格选取生员，无非为治学起见，因为书院之设，原当选择英杰之士，“就使明师益友，以储国家有用之才”，因此读书人历来应先重器识，文艺次之，凡自己认为可耻的就不去做，然后才谈“博学于文”。

由上可知，古代书院对生员资格的要求和审查，并不低于如今的高考录取资格审查的标准。嘉应州知州王者辅为考上国子监的钟许题写金匾“初步云梯”并镶挂在东山书院，其实是对钟许生员作为“士”（读书人）之身份的一种奖赏。

（二）《乾隆嘉应州志》中的《卧碑文》和《训饬士子文》

《卧碑文》是明清时期政府对学宫、书院、社学、义学等在学生员专门颁发的训令条文，目的在于规范生员的品行与操守。训令条文勒刻于石碑，置于学宫明伦堂之左，以戒谕诸生。该学规是清政府各种严厉学规中最有名、影响最大的三个学规（另外两个分别是清康熙九年即1670年的《圣谕十六条》和清雍正二年即1724年的《圣谕广训》）之一。《卧碑文》对在读生员的为人、求学，以及主讲教学等都提出了一些具体要求。《乾隆嘉应州志》中的“建置·学校”部分专门收录了清顺治九年（1652）清世祖钦颁各省的《卧碑文》。具体内容转录如下：

朝廷建立学校，选取生员，免其丁粮，厚以廪膳，设学院、学道、学官以教之；各衙门官以礼相待，全要养成贤才，以供朝廷之用。诸生皆当上报国恩，下立人品。所有条教，开列于后：

◇生员之家，父母贤智者，子当受教；父母愚鲁或有非为者，子既读书明理，当再三恳告，使父母不陷于危亡。

◇生员立志，当学为忠臣、清官。书史所载忠、清事迹，务须互相讲究；凡利国爱民之事，更宜留心。

◇生员居立忠厚正直，读书方有实用，出仕必作良吏；若心术邪刻，读书必无成就，为官必取祸患。行害人之事者，往往自杀其身，常宜思省。

◇生员不可干求官长、交结势要，希图进身。若果心善德全，上天知之，必加以福。

◇生员当爱身忍性，凡有司、官衙门不可轻入；即有切己之事，只许家人代告。不许干与他人词讼，他人亦不许牵连生员作证。

◇为学当尊敬先生，若讲说皆须诚心听受，如有未明，从容再问，毋妄行辩难。为师亦当尽心教训，毋致怠惰。

◇军民一切利病，不许生员上书陈言，如有一言建白，以违制论，黜革治罪。

◇生员不许纠党多人，立盟结社，把持官府，武断乡曲。所作文字，不许妄行刊刻；违者，听提调官治罪。

碑文首先阐明朝廷建立学校、培养人才的目的与意义，同时申明生员享有的待遇。接下来是一系列具体详细的内容，大致包括：生员的德行与修养（如尽忠君主、服从官长、尊敬先生等）、课业与立志（如立志做忠臣清官，宜留心利国爱民之事等）、言行处世（如不得议论天下国家利病之事，不可轻入有司、官衙门，不许干预他人词讼，不可交结权势，不许纠党、结社、立盟，不许私自刊刻文章等）等。条文还涉及诸生员各种考试、升降、奖惩办法，明令如有违犯，轻者黜革，重者拿问治罪。

如今回过头来看，作为相当于现代教育通用的“学生守则”的《卧碑文》，条文确实显得严厉了些，特别是对读书人言论自由、结社自由等一些基本人权的控制与禁锢，其作用显然是为了更好地维护封建政权。所以有些研究者指出它是典型的历史产物，表现了清朝统治者在文化教育方面专制的一面，这不能说毫无道理。但撇开这种政治的偏见，条文从德行修养、课业立志、言行处世及奖惩有据等角度对生员提出要求，其实是中国历朝历代推崇的修身、齐家、化乡、治国、

平天下传统的一种表达。这一传统，作为包括学宫、书院等教育机构对生员的训导规则，并不存在所谓的历史局限的问题，即便清乾隆元年（1736）上谕中亦强调书院对生员的管理，可“酌仿朱子白鹿洞规条立之仪节，以检束其身心”。甚至直到今天，我们仍在人才培养中将“德”放在首要位置。

了解书院学规的另一重要指导性纲领，便是勒石于学宫的清康熙四十一年（1702）御制的《训饬士子文》。兹录如下：

国家建立学校，原以兴行教化，作育人才，典至渥也。朕临御以来，隆重师儒，加意庠序，近复慎简学使，厘剔弊端，务期风教修明，贤材蔚起，庶几棫朴作人之意，乃比来士习未端，儒效罕著。虽因内外臣工奉行未能尽善，亦由尔诸生积锢已久，猝难改易之故也。兹特亲制训言，再加警饬，尔诸生其敬听之：

从来学者先立品行，次及文学，学术事功，原委有叙。尔诸生幼闻庭训，长列宫墙，朝夕诵读，宁无讲究，必也躬修实践，砥砺廉隅，敦孝顺以事亲，秉忠贞以立志。穷经考业，勿杂荒诞之谈；取友亲师，悉化骄盈之气。文章归于醇雅，毋事浮华，轨度式于规绳，最防荡轶。子衿佻达，自昔取讥，苟行止有亏，虽读书何益？若夫宅心弗淑，行已多愆，或蜚语流言，挟制官长；或隐粮包讼，出入公门；或唆拨奸猾，欺孤凌弱；或招呼朋类，结社要盟。乃如之人，名教不容，乡党勿齿，纵幸脱褫扑滥窃章缝，返之于衷，宁无愧乎？况夫乡会科名，乃抡才大典，关系尤巨，士子果有真才实学，何患困不逢年。顾乃标榜虚名，暗通声气，夤缘诡遇，罔顾身家。又或改窜乡贯，希图进取，嚣凌腾沸，网利营私，种种弊端，深可痛恨。且夫士子出身之始，尤贵以正。若兹厥初拜献，便已作奸犯科，则异时败检逾闲，何所不至，又安望其秉公持正，为国家宣猷树绩，膺后先疏附之选哉？朕用嘉惠尔等，故不禁反复惓惓，颁兹训言，尔等务共体朕心，恪遵明训，一切痛加改省，争自濯磨，积行勤学，以图上进。

国家三年登造，束帛弓旌，不特尔身有荣，即尔祖父亦增光宠矣！逢时得志，宁俟他求哉？若仍视为具文，玩愒勿儆，毁方跃冶，暴弃自甘，则是尔等冥顽无知，终不能率教也！既负栽培，复干咎戾，王章具在，朕亦不能为尔等宽矣。自兹以往，内而国学，外而直省乡校，凡学臣师长皆有司铎之责者，并宜传集诸生，多方董劝，以副朕怀。否则职业弗修，咎亦难逭，勿谓联言之不预也。尔多士尚敬听之哉！

就内容而言，《训饬士子文》与《卧碑文》差别并不是很大，重复强调的无非是生员的道德修养、行事准则等话题。不同的是表达方式，《训饬士子文》不再似《卧碑文》那样教条、生硬，多了一份随和，如谆谆教诲，耳提面授，情理并重。

《训饬士子文》与《卧碑文》虽然出自朝廷，具有浓厚的政治性质，但其内容主要还是传统道德伦理。这对书院学规的制订既有制约作用，同时也是一种指导性意见。事实上更早出现的朱熹的《白鹿洞书院揭示》，已是这样的思路。从历史的延续性看，清代的这些教育管理思想只不过是将以《白鹿洞书院揭示》为代表的书院学规提高到国家的层面，将其更加合法化和制度化，相当于现在的"国家教育法"的核心内容。把"德业"与"举业"看作是不可分割的整体，用20世纪五六十年代的术语来描述就是又"红"又"专"，用现在的话来说就是要"品学兼优"。从这种意义上说，《卧碑文》与《训饬士子文》是我们今天认识与了解历史上客家梅州地区书院学规的、具有国家政策意味的指导性文件。

（三）《白鹿洞书院揭示》对客家书院学规的启示

为了从更具体的层面把握客家书院学规，这里我们再分别介绍两个书院的学规，一个是诞生于930年前的著名的《白鹿洞书院揭示》，另一个是制定于110年前的《韩山书院章程》。

先来看看《白鹿洞书院揭示》。刘伯骥指出，明代以前的书院教规、学规均不见得完备，这与中国古代教育推崇"不言而教"，注重身体力行、教者的精神濡染与人格的潜移默化情形有密切关系。这种情况在梅州地区的书院中同样存在。尤其像元城书院这种早期建立的书院，考虑更多的并不是类似规章制度建设这些形式的问题，而是怎样通过对生徒的讲授传播文明、开启民智、推动当地教育的发展，同时以自己的精神人格去熏陶生员。那时，教育者的言行举止，就是一种"无字学规"。明代以后书院学规的制定，基本上以朱熹的《白鹿洞书院揭示》为依据。《白鹿洞书院揭示》是朱熹当年受命差知南康军（1179）后在白鹿洞书院遗址上修复期间亲自拟订，时间大概在1180年前后。南宋淳祐元年（1241）后，借助官府的力量，全国书院及各级官学才从此风行此规。坊间近年有文章介绍刘元城当年在梅州创建书院时，借鉴朱熹的白鹿洞书院教规制定相关规章制度。这种说法完全是不了解历史的主观臆断。历史上的白鹿洞书院自南宋皇祐六年（1054）遭兵火焚毁后，期间有125年湮没无闻，直至朱熹于南宋淳熙六年（1179）受命差知南康军后才得以修复，此时距离刘元城去世（1125）至少55年。

《白鹿洞书院揭示》如下：

父子有亲，君臣有义，夫妇有别，长幼有序，朋友有信。

右五教之目。

尧舜使契为司徒，敬敷五教，即此是也。学者学此而已，而其所以学之之序，亦有五焉，其别如左：

博学之，审问之，慎思之，明辨之，笃行之。

右为学之序。

学、问、思、辨四者，所以穷理也。若夫笃行之事，则自修身以至于处事、接物，亦各有要，其别如左：

言忠信，行笃敬。惩忿窒欲，迁善改过。

右修身之要。

正其义不谋其利，明其道不计其功。

右处事之要。

己所不欲，勿施于人。行有不得，反求诸己。右接物之要。

熹窃观古昔圣贤所以教人为学之意，莫非使之讲明义理，以修其身，然后推己及人，非徒欲其务记览为词章，以钓声名、取利禄而已也。今人之为学者，则既反是矣。然圣贤所以教人之法，具存于经，有志之士，固当熟读深思而问辨之。苟知其理之当然，而责其身以必然，则夫规矩禁防之具，岂待他人设之而后有所持循哉！近世于学有规，其待学者为已浅矣；而其为法，又未必古人之意也。故今不复以施于此堂，而特取凡圣贤所以教人为学之大端，条列如右，而揭之楣间。诸君其相与讲明遵守，而责之于身焉，则夫思虑云为之际，其所以戒谨而恐惧者，必有严于彼者矣。其有不然，而或出于此言之所弃，

则彼所谓规者，必将取之，固不得而略也。诸君其亦念之哉！（摘自邓洪波主编的《中国书院学规集成》）

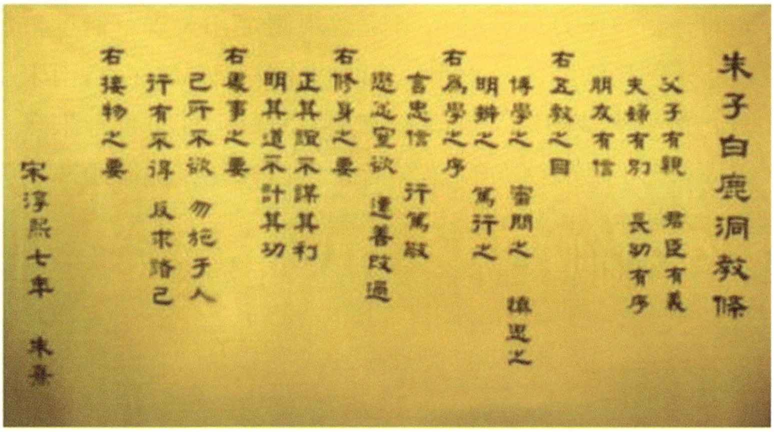

朱熹《白鹿洞书院揭示》

（图片来源：http：//pic. baike. soso. com/p/20121121/20121121215118 – 2033138091. jpg）

《白鹿洞书院揭示》全文计标点在内不过511字，但有关书院的教育的目的（明人伦）、学问的要义（学、问、思、辨、行），以及道德修养、待人处事等，却已扼要明了，同时又充分体现了朱熹格物、致知、诚意、正心、修心、齐家、治国、平天下的儒家思想。《白鹿洞书院揭示》自南宋淳祐元年（1241）宋理宗手书赐示太学诸生后，逐渐成为全国书院及各级官学制定学规的范本。明、清两代，不少学者留下揣摩《白鹿洞书院揭示》后的心得体会，如明嘉靖年间高贲亨（正德甲戌科进士）的“洞学十戒”：立志卑下，存心欺妄，侮慢圣贤，凌忽师友，群聚嬉戏，独居安肆（日高不起、白昼打眠、脱巾裸体、坐立偏跛之类），作无益之事，观无益之书，好争，无恒；又如清康熙三十四年（1695）王综（江南督学）的“白鹿洞书院戒勉”：戒——游惰，戏狎，欺诈，矜傲，苟安，驰骛（好高骛远），忌嫉，纤刻（计较于小利小物）；勉——立志，敦本（士子立身，孝弟为本），主敬，致诚，明经，学古，专课，持重。

朱熹拟订的白鹿洞学规，强调生员在书院学习的目的在于明理修身，远离声名利禄，其实是对传统书院精神的发扬，意在以此抗拒科举功名对读书人的诱惑和心灵腐蚀。以白鹿洞书院学规来了解、把握历史客家书院学规的精神要义，无疑具有一定的启发意义。

（四）汇集清代客家文化精英的韩山书院学规

在考察客家书院学规过程中，值得一提的是，历史上作为惠（州）、潮（州）、嘉（应州）三州人才的培育之地，在清代汇集了客家文化精英的韩山书院于1902年由丁宝铨拟订的《韩山书院章程》。如果说上面提及的《训饬士子文》与《卧碑文》，乃至《白鹿洞书院揭示》都离客家有些“遥远”，可望而不可即，那么与嘉应州山水相连的潮州韩山书院学规，对我们来说无疑要显得更“亲近”些，具有一定的可借鉴性。

《韩山书院章程》除涉及书院经费管理和使用规定之外，其中有关书院主讲、生员、教学、课试等的管理规定，对我们今天了解客家书院的学规不无裨益。如章程规定院生住房必须认明院房所编“第一号”、“第二号”等字样，按照名次先后居住，不得自行挑拣，其中有在城里不汉族院的院生，应明理，将房腾出给远来生员住；住院生员不得在室内酗酒喧哗，做一切无益之事。章程要求书院山长（院长）必须长年住在书院，不得让生员寄卷评阅，致使院生不能亲听讲解；书院延请的掌教，必须是通中西学之人，出身仍须是进士、举人、拔贡、副贡、优贡，或师范学堂领有卒业文凭者。书院章程制定好规则，由于科举改制，书院生员学习务必中西兼习，“惟新译东西书籍，寒士无力购买，应筹款陆续购置”，藏放院内以供借阅；院生借阅书籍不得超过两天，以免影响他人阅览，不得转借给他人或带出书院，以免遗失；书院每月集中授课三次，“一道课，二府县与分司轮流，三为山长专课”。另外，针对书院以前出现的院生冒名顶替，即“每课所取，往往名非其人”的现象，章程规定以后住宿书院生员均应准备簿本，记录每月所阅某书某卷之疑问，至月终集中呈请山长批阅，与课卷参合，以此作为成绩评定参考，同时通过这种形式又能够增进山长与生员之间的沟通交流。

相比较而言，《韩山书院章程》的可操作性要强些，或者说更加“务实”，那种重精神的一面已逐渐被淡化。这种情况显然与中国书院发展到清代以后不断与科考中举紧密捆绑在一起、维持书院的正常运转秩序已成问题有关。但尽管如此，章程中有关山长、院生的德行操

守、行事规则等方面的要求还是明确的。鉴于潮（州）、嘉（应州）两地在地理空间上相依为邻，以及两地文化交流的频繁，把《韩山书院章程》看作客家书院的准学规，其实也未偿不可。

以上我们选择了几个角度，对历史上客家书院学规的大致内容进行了间接性还原，并在此基础上把握书院学规对客家士人精神品格的塑造。刘伯骥认为，中国整部教育史，可以说是“政教合一史”；而整部学校教育史，则可以说是“训教合一史”。也就是说，中国教育的历史，一方面，在政治上有教育的意味，在教育上也有政治的意味。另一方面，在教学上有训育的意味，在训育上也有教学的意味。综观中国书院发展史，历经宋、元、明、清四朝共700多年，制度变革与讲学宗旨常常随着整个学术思想的演变而变化，但是书院对生徒的训导，却一直沿袭着中国政教传统的伦理观念而一贯不变。在中国古代，政教传统的最高伦理观念是明人伦，而达到明人伦的方法是学习礼仪，因此如何训练明伦知礼的纯谨之士，便成了教育的使命。刘伯骥在考察了广东书院的演变历史后进一步指出，无论是宋元的半官立式或官立式书院，还是明代的私营式或半官立式书院，再或是清代的官立式或乡约式书院，尽管形式不断发生变化，但训导生徒的宗旨并没有改变，即始终把“明人伦”作为训导的最高伦理观念，视天人合一为最高伦理法则，并将习礼作为达到此种观念的手段。因此书院训练士子，上上之策，是先打磨其器识，然后才来谈文艺；次而求之，是切磋相正其德行，使其坚定志向，努力学习。

刘伯骥认为，书院训士，以祀先贤为精神的发感，揭碑记为态度的提示，立教规为操履的督导，形式虽有不同，但作为训导的意义则是一致的。前两者为过去的、示范的；后者为现在的、实行的。但其先德行后文艺，无论古今，仍是一贯的精神。书院学规作为生员培养与管理的辅助形式，同时还具有文化价值取向的实践意义，即它是在通过精神导向的途径塑造书院所教育对象的文化品格。从书院学规角度了解客家读书人的精神人格，进而了解书院在传播与实践中原文化中的意义，拓宽了我们对客家书院文化功能的认识视野。

附：《墨池书院祀田膏火章程》

书院旧有租田，每年两季收额谷玖拾柒石肆斗，每石折钱玖佰文。又，每年两季收额租钱三拾伍千五百百文，向系礼房收支。嘉庆十六年改为韩苏列公祀田，无论丰歉，照现酌定额租花边一百四十元，统交户收支，每年除春秋祭费五十元，看门工钱银十元外，约剩八十元。统举三年，应余花边二百四十元，如遇恩科在正科次年，抑在正科又次年，所存留租银届期核算多少，拨为书院内课生员是年学宪取录正案科举生员乡试卷烛之费，于行宾兴礼日发领（道光十一年知县曾名芹改为山长修金。新辑）

书院内课生员十二名，不论有无科举，均得与领，学宪取录正案科举生员，除首名已有租田不应重领外，宾兴日核定人数若干分领。如正科届期已足三年，则将存留二百四十元中拨一半作书院内课生员十二名卷烛之费，每名计领花边十元，余一半正案科举生员核人数均分。倘恩科在正科次年或又次年，则依存留多寡数，亦书院内课生员十二名与正案科举生员各一半分领。

一，每岁春秋戊丁日举祭，前期十日户房出花边十五员交首事理，计两祭共享花边五十员。

一，书院看门人役工食，除正月十二月不计外，每月十六日户房出花边十五员给领。

嘉庆十六年知县仲振履捐出盐埠漏规拨入书院为修脯膏火之费，每年拨定花边一百二十员交户房收支，按季给领。

一，山长修脯花边一百二十员，每年四季仲月十六日户房出花边三十员缴入县署转送。

一，额取内课生员十二名，内课童生十二名。每月生员发膏火花边一员，除正月十二月不计，共十个月用花边三百六十员，自二月至十一月止，每月十六日户房出花边三十六员缴入县署转送。

一，系蒙训蒙师修脯花边三十二员，每年四季仲月十六日户房交出花边八员缴入县署转送。

已上个共享花边五百一十二员，照数仍剩花边八员存为没那聘金节仪之费，至期户房缴入县署转送。（《兴宁县志》，清咸丰六年，泰州仲振履柘庵原本，桐城张鹤龄琴甫纂修）

四　书院文化：客家文化

通过以上内容的介绍，我们不难发现：历史上，以藏书、讲习、祭祀为主要功能的书院文化，在客家文化形成与发展过程中起着重要作用，同时还在一定程度上潜移默化地影响了客家民情风俗。北京大学的刘玉才在《清代书院与学术变迁之研究》（北京大学出版社，2008）一书中指出，从地域性角度看，清代书院具有丰富的学术文化内涵，他认为，与北方比较，清代南方数量庞大的书院，虽然也是以考课为主（即如前所说，授课内容与科考中举紧紧地捆绑在一起），但仍不乏经史（传统文化）方面的教学内容。特别是由于书院掌教大多数都是当时的知名学者（这点我们在前面已有所介绍），因此他们的学术提倡和示范不能不影响到书院乃至所在地区的学风与文风。而从另一个角度说，他们的提倡和示范也是一种文化传播行为。“筚路桃弧辗转迁，南来远过一千年。方言足证中原韵，礼俗犹留三代前。”历史上，客家先祖从中原次第向南迁徙，虽然他们久居他乡，已将他乡当作故土，但他们所操持的语言、客地的民情风俗，却都与中原有着不可分割的关系。一种文化的形成存在多种可能性，就客家文化而言，民系自身天然的中原文化基因是原因之一，但后天的外力作用同样不可忽视，这其中，集藏书、讲习与祭祀三大功能于一体的书院，具有不可替代的位置，这对历史上远离中国文化礼仪中心中原地区的南方百越之地而言，尤为如此。客家人对中原文化重礼仪与气节传统的传承和发扬，客家文化中的崇文重教传统，都与书院文化有一种内在关联。这里我们不妨选择几个比较有代表性的截面来看看：

（一）慎终追远的崇祖传统

客家地区每年春节前后举行的祭祖仪式，其场面与仪程虽不一定能够赶得上中原的祭祀大典，但其庄重与虔诚却毫不逊色，甚至由于远离中原故土而表现得更为“迫切”。除此之外，客家地区还有一种更能体现慎终追远的中原文化心理积淀的风俗，就是客家人对自己先人尸骸的“二次葬”。“二次葬”简单来说就是将死者的尸骨进行两次或两次以上的埋葬，多数是易地安葬。这种风俗虽不是客家地区特有，但由于它融入了客家民系作为一个迁徙民系“行踪不定”的特质，以及面对一个陌生的生存环境，缺乏安全感，祈望得到某种超越人的神秘力量（特别是祖宗魂灵）庇护的微妙心理（民间基本上是从风水的角度解释这种心理现象），而显得特别引人注目。撇开这一唯心揣测，隐含在客家地区“二次葬”风俗中最值得注意的，其实还是客家人在远离中原故土的过程中被不断强化的祖宗崇祀心理，以及试图通过举行这种仪式以增强宗族内聚力的宗族血缘观念，即所谓“敬祖睦族”。不过也有研究者认为这种丧葬风俗是有悖祖训的。客家人的这种丧葬风俗，除了上面提及的背景外，同时也是对南方民族葬俗的认同。

（二）绵延深厚的家国情怀

有研究客家的学者曾这样说过：历史和现实中不少客家的“头面人物”，或都出生在梅州，或祖居地在梅州，或祖籍在梅州。这些人物不但鼓励着无数客家人，也影响着中国、影响着世界。说没有客家人就没有20世纪的中国革命未免有些哗众取宠，但客家人在20世纪中国历史上作出了巨大贡献却是不争的事实。客家人以这种家国情怀，在近代中国被西方列强的坚船利炮撞开国门后，为建设一个新的现代民族国家及精神文化世界，逐渐扬弃了几千年封建诸侯割据时代滋生起来的狭隘的民族心理，而表现出一种大中华（民族）的胸怀和境界。如“从五步楼，十步阁，望百步长江”的晚清爱国诗人黄遵宪，推翻封建帝制的中华民国临时大总统孙中山，1937年8月淞沪保卫战中浴血奋战乃至最后战死疆场的客家将领曾繁汉、黄梅兴、谢晋元、姚子青等，参与共和国建立的开国元帅叶剑英，具有现代民族国家意识、主张“实业兴邦”的张裕葡萄酒创始人、“中国近代铁路建设先驱者”、晚清巨商张弼士，以及沟通东西方艺术的现代画家林风眠，开中国谱乘研究先河的客家学创始人罗香林等，都是客家人。而且他们建功立业的胸怀，却非只为一己一族，而是表现出一种大中华的气象。

人境庐·无壁楼

(三) 崇文重教的士族情结

“昔时贫且瘠，书声满乡间。幼学入琼林，至老莫废偏。”这是对历史上客家梅州地区崇文重教景象的形象概括。有关客家文化中的崇文重教传统，人们早已熟知。本书在后面一章也将专门从书院对客家教育与人才培养角度作充分展开。这里我想从士族情结的角度对崇文重教的客家文化传统多说几句。

中国社会，在宋以来的名门世系观念里，“富”而不“贵”，仍不能算是“名族”，“名族”应该富贵双全，而要“贵”，则必须有人读书中举进仕，进入政府官僚机构，获取“官”等各种身份与地位。这也是日本学者井上彻强调的所谓名门观念与科举官僚制度有密切关系的原因之一。事实上，在中国封建官场约定俗成的潜规则里，“官”本身既是一种身份，同时更是一笔财富，或者说是攫取（非法）财富的一种重要途径。故中国民间至今仍有所谓“升官发财”之说。因“富”而“贵”，因“贵”而更“富”。当然这只是一般定律，若仅从这种角度去理解留馀堂子孙“（以）读书为业”，未免褊狭。在此本书更愿意从其他如“嘉应名族”张氏家学渊源之深厚等方面去理解此话之意义。客家素有“耕读传家”之传统，这一方面是环境使然。历史上，客家梅州地区“八山一水一分田”，生存环境恶劣，除了耕田，

读书便自然成了客家人的生存出路。另一方面，从中我们还可看到重文（化）、热衷科举进仕的中原文化之遗风。在中国传统民间社会，特别是宋以后，一个宗族的形成、发展和稳定，在很大程度上要依靠通过科举获得进身机会的士大夫的组织作用；而一个读书人若想实现“修身、齐家、治国、平天下”的理想信念，亦须通过读书中举以获取社会地位和物质条件方可。这或许也是留馀堂门厅柱联文“孝友传家诗书礼乐，文章报国秋实春华”之寓意。这些从留馀堂走出去的科举进仕的读书人，“学而优则仕”，报效朝廷与社会，与此同时不忘著作传世。“荆树有花兄弟乐，砚田无税子孙耕。”留馀堂子孙“（以）读书为业”，可见留馀堂张氏开基祖张应谦决非只知道赚钱而不懂得“长宜子孙”的目光短浅之辈，所谓“诗文装满腹，胜有万贯钱”。孝友传家—读书中举—文章报国—著作传世。这是留馀堂读书人的一生，也是“‘留馀’家风”中原士族情结的一种再现，更可以说是客家梅州地区绵延千年的书院时代书香望族共通的中原士族情结。这是关于书院文化与客家文化崇文重教传统的更深层解读。

（四）朴素淳厚的民情风俗

书院讲词章举业，但更重要的还是通过主讲与生员的行为教化民众、移风易俗。书院的藏书、讲习、祭祀，其实均关涉地方民风教化，我们在前面的内容中已有所谈及。从这种意义上讲，客家民情风俗的主调还是中原古韵与遗风。对此，吴永章在《客家传统文化概说》（广西教育出版社，2000）一书中曾作过简要概括：如喜穿古风犹存的唐装；聚族而居，体现汉族传统宗族观念；殿堂式的建筑中反映了中原汉族府第式风格；沿袭“六礼”[①] 的婚礼；遵古制而不变的丧葬之仪式（如丧服，与春秋时宴子服粗麻衣、麻带等的并无二致）；祭祀，遵循古代中原冬、秋二祭之制，在客家地区叫“蒸尝”（冬祭为“蒸”，秋祭为“尝”）；尊崇朱子家礼的家族关系；客俗中还有可追溯到周代建子以十一月为正月之制的以冬至为“冬年”的岁时节日习俗，以及以儒家思想为轴心的崇拜祖先的精神信仰，以酿豆腐替代包

---

① 六礼：纳采、问名、纳吉、纳征、请期、亲迎。客家地区的“传庚”对应“问名”，“定亲”（或“下亲”）相当于“纳吉”，“行聘”（或“大亲”、“定茶”）相当于“纳征”，“报日”相当于“请期”，“接亲”（或“接嫁”）相当于“亲迎”。

饺子的饮食习惯等。另外，客家民性中传承比较多的是中原汉民重忠义名节、仁义礼智信与温良恭俭让的传统，质实勤俭，不事奢华，宗族邻里间长幼有序，聚族而居，讲信义，遭遇困难相互支援。这大概就是温仲和在《光绪嘉应州志》所说的：当地读书人“谨约自好，以出入公庭为耻，温饱之家益敦俭素”。而客家妇女更是以贤惠著称，针头线尾、灶头锅尾、家头窖尾、田头地尾无不通晓。

（五）包容开放的文化胸怀

客家文化的形成与发展，固然离不开中原士族南下、通过倡设书院等教育途径的推展，但也不否认客家人在此过程中有意识地吸收与融合客家地区本土的原住民文化。客家文化因此表现出一种开放性与包容性。历史上，南迁的客家人为了生存并建设和谐相处的生活环境，在与原住民冲突、磨合中不断调整自我的文化价值观念。与此同时，面对艰难恶劣的自然环境，在改造与驾驭过程中寻找一种超越人的神秘力量。正是在这漫长的日常生活实践与文化大融合过程中，士族文化与书院文化完成了自我调整与改造，实现了与土著文化的圆融和谐。如客家梅州地区对中原文化所排斥的，但在南方盛行的以鬼神怪力为对象的祭祀之风的尊崇，就是一个典型的例证。又如上面提到的客家丧葬习俗，其中的“买水”（亲人死后往河湖焚纸钱，取水回来给死者浴身的习俗，流传于粤东客家地区）、“奏乐”（苏东坡在谪居惠州时曾认为此举乃“钟鼓不分哀乐事”）及“二次葬”，看似有违祖训，其实是客家人在迁徙南方后对南方少数民族葬俗的一种消融与接受。再如，客家民性中既有崇儒效士的中原遗风，但又崇尚习武，嗜勇好斗，武术教派纷呈，刀枪铁棍并用，这一方面与客家人崇山峻岭的生存环境有关（作为后来的“客”，习武以更好地防身自卫、保护家园），另一方面也多少受到南方百越民族强悍野蛮民性的熏染。客家文化的这种开放性与包容性，可以说是对传统中原文化的改造与发展。

第三章　兴教育才

这一章将重点介绍书院对历史上客家梅州地区教育兴起与发展的贡献，考察书院教育对人才培养的意义，同时介绍具有1000多年历史的书院在晚清历史转折中的命运，以及现代学堂是如何逐渐替代古老书院以顺应历史潮流的。

一　梅州教育的发轫

（一）客家文教气象掠影

客家梅州地区崇文重教之风始于宋，盛于明清，持续至20世纪50年代以前。早在南宋，梅州知州方渐曾说："梅人无植产，恃以为生者，读书一事耳。"由此可见，梅州人喜欢读书，在宋时便已成风。明末清初乡贤李士淳在《重修儒学开文澜门改建启圣祠记》亦云："古之梅州，人文素扬，士习犹古，元魁接武，翰苑擅场。"清代知县王之正的描述更为形象："士喜读书，多舌耕，虽困穷，至老不肯辍业。"清代另一知县王仕云在《望杏坊记》中写到自己在任程乡县知县五年期间，但见州城士人著书好古，发奋上进，"且户育家弦，俨然海滨邹鲁"。王仕云赞叹程乡县县署"左则桂乎是攀（即攀桂坊），右则杏焉在望（即望杏坊），发莲炬而接槐堂"，人文气象蔚然。州城气象如此，嘉属各县崇文重教之风也不逊色。《乾隆嘉应州志》谈及兴宁风俗时则这样写道："大抵士夫之家，敦礼让，重廉隅，以干谒为耻。稍足自给，益淳谨俭朴，必谋一书房，延师教子弟，故文风日益盛。"重礼仪、修养与教育，是州志描述兴宁风俗时的几个关键词。

清顺治十年（1653），清朝首次在程乡等县举行岁试，开科取士。试场就设在兴宁学宫明伦堂，由督学钱朝鼎主考，当时参试者除兴宁、长乐、程乡、平远、镇平等县士人外，还有龙川、连平、和平、长宁、永安（今紫金县）五县士子。在非州、府的地方开科取士，足见当时嘉应州文教的影响。

清雍正十一年（1733），随着后来被称为“嘉应五属”的科甲联翩，人才辈出，文教地位的不断提高使程乡县（今梅县区）升格为直隶嘉应州，隶属广东省布政司，直接管辖从潮州府分出的平远、蕉岭和从惠州府分出的兴宁、长乐。

清乾隆十五年（1750），嘉应州河北籍知州王之正有感于全州教育之发达，建“人文秀区”牌坊于署前街。而这一切，都与梅州历史上通过书院带动、发展起来的教育是分不开的。

清末民初，曾在粤东嘉应、潮汕等地区传教50余年的法国天主教神父赖理查斯在他编就的《客法大辞典》中曾惊叹当年嘉应州的教育盛况：“全境有六七百个村落，也就有六七百个学校，这真是一个骇人听闻的事实，按人口比例来说，不但全国没有一个地方可以和它相比较，就是较之欧美各国也毫不逊色。”

1965年，郭沫若来梅考察，称赞梅州为“文物由来第一流”。

特别值得关注的是，从辛亥革命以来，梅州孕育了25名两院院士、340名大学校长。

以上这些，均可谓是客家梅州地区以书院为代表的文教事业所栽培出来的丰硕成果。

（二）从刘元城到侯安国：梅州教育的兴起

现在谈到历史上客家梅州地区的教育历史，一般都从宋代刘元城或侯安国说起。其实，在他们之前还有一个不应忘记的重要人物，就是程旻。程旻可以说是梅州教育草创时期的代表人物。但由于程旻的教育实践活动缺乏文字记载，其教育实践活动主要是通过民间一代一代传续下来的，因此梅州的教育正史几乎都不怎么提他，而把梅州学校教育历史的“开国功臣”定格为刘元城和侯安国。

北宋哲宗元符元年（1098），谏议大夫刘元城贬谪梅州，于城内聚士讲学。李士淳在《重建松江书院记》中曾这样高度评价刘元城建

书院之于梅州教育的贡献："潮州地理，负山抱海，形胜甲天下。但由于僻处南荒，因此自唐以前，声教罕通，文物未显，山川灵异之气，大半被湮没在丛生荆棘、瘴雾、山岚、海市中。自韩昌黎（韩愈）出守潮州，命天水进士赵德为之师，读书人才开始知道学问，人争乡化，文明日辟，风气渐开，山川之色亦因此灿然一新。又越数百年，而元城刘公谪官梅州，建书院于梅城东南隅，日集聚士人，讲学其中，士习民风，豁然大变，从此梅州之山川，才逐渐与全潮并峙。可以说，开辟全潮之山川者，昌黎公也；开辟梅州之山川并播传昌黎公之芳名者，则为元城刘公也。"李士淳的评价，已将刘元城与梅州的教育发起紧密地联系在一起。

谈及梅州教育事业的发起，另一个重要人物是继刘元城之后的侯安国。南宋宝祐元年（1253），福建侯安国来梅掌教，提倡经学，并鼓励梅人读书。侯安国，福建宁化人。登乡贡进士，教授梅州，见风俗醇美，遂隶籍于城东攀桂坊居焉。初，梅州僻处岭南，经学草昧。自侯安国倡教，文风日盛。以《春秋》授门徒，蔡蒙吉应童子科登进士，为宋忠臣其最着也。当时以教泽渊源，比之文翁赵德。复其家徭，自宋迄今无异。清顺治十一年（1654），以孙甲午科举人作霖，具呈督学钱朝鼎，行府县督学，清顺治十二年（1655）八月批允。

从刘元城到侯安国，期间历经二三百年，梅州的教育逐渐发展起来。

（三）儒学、义学与社学：围绕书院的官学体系

历史上，构成地方教育的官学体系中，除了官立书院，还包括儒学、义学与社学等教育机构，客家梅州地区亦是如此。儒学在清代有府、州、县学之分，因与孔庙一起，也叫作"学宫"。学宫的功能繁多，教习是其中重要的一部分。早期的儒学，由当地学政、教谕、训导等承担对生员（通过童试的儒生或童生）的管理和教育，生员只有通过这里组织的课考或季考后方可肄业，获得参加以后各级科举考试的资格。在地方教育史上，儒学一般早于书院而建，是最具代表性的官府之学。现在梅州城内的儒学——学宫（即孔庙），由北宋崇宁三年（1104）知州藤元发初建于梅城西区，至南宋淳祐六年（1246）便迁到州署前的南门考院，即现在的凌风路。后来，其他各属县的儒学

也都陆陆续续建起来了，如兴宁的儒学在宋嘉定间始建于县东百步，南宋咸淳四年（1268）经主学卢龙跃重修，元末被兵毁，明洪武四年（1371），县丞刘昭辅重建于县东南，明成化三年（1467）冬，知县秦宏奏报朝廷核准重建县城，后巡安御史改建儒学于旧岭东道地（今兴民中学校址）。丰顺的儒学则设在县城北门外偏西原吴六奇大平公馆旧址，清乾隆十年（1745）建成。明嘉靖六年（1527），大埔县知县欧淮建儒学于茶山之麓。明嘉靖二十四年（1545），平远县知县王化在县署东顶建本县儒学。蕉岭的儒学建在官署之西。

长乐学宫·大成殿

而作为儒学补充的义学与社学，在普及与发展当地教育方面也起着重要作用，特别是在清代，为书院培养和储备了大量人才。元、明、清三代普通设立社学。明代社学广泛设立。明太祖洪武八年（1375），各级地方官吏兴办；明洪武十六年（1383）复设社学后，民官教育机构逐步增加，不少是以宗族为单位设立。清顺治九年（1652）曾沿袭明制，明令各省道的府、州、县置社学，每乡一所，择“文义通晓、行谊谨厚”者为社师。历史上，梅州地区的社学开设比较早也比较集中的是梅县，这点我们在前面已作介绍。至明宪宗成化十七年（1481），知县刘彬（江西永丰进士）在县城附近东、西、南三处设东社学、西社学、南社学各 1 所。刘彬为官廉以持己，衣食车马之奉，省约如寒素时，还捐出俸余以作学租，供东、西、南社学之费。社学比较繁荣的地区是蕉岭，旧志记载历史上蕉岭有十二个乡，乡乡有社学，至清代又增加了7所，主要分布在离县（州）署比较远的雁洋、金盘、西阳等乡镇。除梅县外，至清代，兴宁县城已有维城、富谷等社学，大埔县已有茶阳社学、端蒙社学（今三河坝）、湖寮社学、乌槎社学（今古野）等八间社学。平远的崇文社学，明万历四年（1576）由知县刘孕祚（今广西宣化人）捐百五十金修于城隍庙之左，并设社学田岁收入以赡养师生。县志记载刘孕祚“次第修学，尤首重学宫，缔造文庙”，发展地方教育。

周溪·文祠·北社学

义学是明清时期为民间孤寒子弟设立的教育机构，经费主要来自官款、地方公款或地租，孤寒子弟可免费入学。义学早在宋时即有义学之名，但只是以宗族为单位设立，限于教授本族子弟。南宋末年，由乡贤蔡蒙吉创建的松源堡义学是梅县最早设立的义学。至清代，义学由于政府的提倡而广为设置。清顺治八年（1651），元侯葛公（即葛三阳）奉命任程乡县令，即留心民瘼，矢志修举。葛三阳见学宫之颓圮、神祠之荒落，慨然于中，而力以兴复为己任。康熙辛未春，江南太仓州举人曹延懿任程乡令，期间不仅改建九贤书院，还添建义学，每月亲授两课，“自辰至酉而后散”。迨至明、清，梅县先后有知县郑懋中、刘彬、林欲昂、王仕云、王吉人、王元枢以及地方人士李士淳等对教育给予很大的重视与扶持，城乡地区的书院、社学、义学、私塾不断增加。清光绪十六年（1890），梅县已有社学10所，义学6所，蒙馆、村塾数百间。其分布地方，除城区外，还辐射到雁洋、畲坑堡、松源、锦州、扶贵和南口等。除梅县外，在当地官员的倡议和支持下，其他各县的义学创办也不甘落后。如兴宁知县李清宏于清康熙三十三年（1694）在原汪公书院基础上建设的兴宁义学；清康熙四十六年（1707），云南蒙自举人尹文炽任兴宁知县，政尚简易，重士爱民，捐修义学，延师课士，置田以质膏火。大埔县的正蒙义学、育德义学和主善义学，丰顺的蓝田义学、良乡义学和留隍义学等，都有一定的代表性。

这里要特别提一下当年程旻率族入粤结庐之地——平远。程旻当年与平远邑人和睦相处，办私学启蒙当地土著，传播中原文化，教化民风，开客家梅州地区私学风气之先。此后历代平远知县，莫不以此为自勉。明万历四十二年（1614），福建莆田县人李允懋任平远县令，留心民瘼，兴起文教，每月朔望谒先师庙。谒毕即坐儒学明伦堂，训教生员辈以礼仪文章。李允懋常以小学诲人，每云以四书为训，后平远邑县试必重小学，实自懋始。明崇祯十二年（1639），番禺岁贡谢长文任平远县教谕，“雅好著述，博通典故，纂修邑志，旁搜书节祀载明备，又捐俸实增学租，创建省牲所，饬躬励行，丕振儒风”。史料记载任平远县令的山西榆次进士李郯，“惠爱士民，于书院添设膏火，每月朔望必诣生童，勖之循循然，如父兄训其子弟”。清雍正六年（1728）抵任的平远知县江南上元人黄大鹏，“尝捐俸设立义学、社学，不时亲诣考课，生童沐作养者甚众。在任三年，士乐弦诵，民登衽席，野鲜追呼之，役庭无敲扑之声，五谷丰登，斗米数十钱，实开邑来所仅见者也”。平远一小小县邑，社（义）学竟有如此气象，实有迹可循。

以书院为轴心，由儒学、义学与社学构建起来的官学体系，不仅与书院共同繁荣地方教育与促进文化传播，更重要的是，随着科举在客家人的日常生活中占据了越来越重要的地位，还为书院储备了大量人才。

（四）书院巨荫下的私塾：发达的民间教育

清康熙二年（1663）的《长乐县志·社学论》曾这样谈论私塾教育在一个人成长过程中的重要意义：“学记曰：‘玉不琢不次器，人不学不知道’‘君子如欲化民成俗，其必由学乎？’‘古之教者，家有塾，党有庠，术有序，国有学。’谓夫人离龆将长之时，正有造有德之基，故易着训童牛礼垂文执驹。盖欲预以制之也。公羊注曰：‘十月事讫，父老教于较室，八岁学小学，十五岁学大学，其有秀者移于乡学，乡学之秀者移于庠。繇此言之，小学大学皆里塾之教也。’”

其实私塾教育与书院发展之间有一种良性循环的关系。或者说后者是前者的投影，即作为民间教育行为，私塾教育的创办者常常是从书院带动当地教育发达起来后所培养出来的科甲人才。

与以儒学、义学与社学为主体的官学体系相比较，历史上客家梅州地区以私塾为代表的民间教育活动更为发达。据梅州市梅江区委宣传部编撰的《梅江私塾》（内部资料，2014）统计，历史上梅州城区先后共有学塾269间，用“星罗棋布”来描述当时嘉应州城的私塾景象，实不为过。这其中，除了翰林李象元家族的私塾上下学堂、学诗堂别有一番故事之外，上市红杏坊、下市攀桂坊各大望族的私塾更是引人注目：上市红杏坊孙氏的私塾活泉书室，黄泥墩黄氏望族的私塾德明私塾，梁氏大族的私塾鹤和楼，侯氏的上学堂、友于堂、下学堂、勤慎堂、梅峰居、储才书室、岁荐侯屋等私塾，下市攀桂坊黄氏大族的私塾桐花书屋、花萼居、静居堂、汪波学堂、光黄学堂、恬生学堂、友筠别墅、桂里小学、余居等私塾，张家围张氏望族的私塾旋溪书室、初思堂。置身其中，仍能想象当年弦歌翰墨的情景。从张家围迁居到三坑口留馀堂的张氏后裔所建的私塾咏花书屋、西农望岁居、松林精舍，更是留馀堂人“历主书院，成就后进”的历史见证。此外，历史上嘉应州城杨氏望族的老杨氏私塾、传精学舍、新杨氏私塾，江北黎屋巷的黎氏私塾馀庆书屋、凤尾阁的邓氏私塾云台书室、金山街芹洋半岛福长村的曾氏私塾下学堂和儒学堂，城北曾龙岃的曾氏私塾寸耘家塾、江南榕树堂的刘氏私塾笃庆居、三角镇的叶氏私塾研经精舍、三角镇寮背岭官塘头梁氏私塾蒙洋学堂、东升圣人寨“五代相连科甲”的梁诗五望族私塾山中天，三角镇湾下的侯氏私塾撷经书室、礼耕书室、三馀书室、燕诒居、老兴文，梅塘村的侯氏私塾继善楼私塾，泮坑的熊氏私塾崇德书轩、乐泮山房、梅花书屋等，均是历史上客家梅州地区在书院创办带动下发展起来的民间教育的有力佐证。建于清嘉庆元年（1796）的孙氏私塾活泉书室（嘉应州更楼下），不仅培养了“一里同榜三进士”黄仲容、林丹云、张敦道，还熏育了许多具有现代文化思想的才俊，如孙氏七世孙孙波庵，逢清末废除科举，投新学，毕业于两广师范学堂，后成为著名教育家。孙波庵生四子，长子孙亢曾，留学英国，后任台湾师范大学校长；次子孙睿曾，精通书法油画；三子孙馥曾，早年留学法国攻读博士，曾任中国驻联合国教科文组织代表；四子孙雄曾是华南师范大学著名教授。孙波庵孙辈亦多为硕士、博士，且大多从事与教育、学术相关的工作。有500多年历史的梅县南口侨乡村，自明嘉靖年间以来，即先后创办了兰馨堂私塾、毅成公家塾、细（小）学堂、笃才学校4间私塾，培养了如量子化学家潘毓刚等世界级的名人。

最后一批秀才梁伯聪、民国著名教育家梁浣春故居

（图片来源：http：//www. meijiang. gov. cn/sonweb/xjjd/content. php？ IndexID = 172965）

椿荫堂私塾余居

建于光绪年间，与椿荫堂相连，距今有 130 多年历史，内有 5 房 1 厅，以供附近邻居学子前来就读，曾培养出文举人黄让曾、武举人黄江曾等。

洋坑崇庆楼（熊福寿建）（图片来源：《梅江私塾》）

其他县属的私塾创办情况也是盛况空前。如林云谷曾这样描述蕉岭县“遍地私塾”的情形：“……清时雍乾嘉道年间，蕉岭县考，岁应童生试者常一千七百余人。每村惧有家塾。一二百户之村，即有塾六七处，盖二三千金之产，苟建居室，必应家塾，以训同姓子弟。塾大者亦许外人合读。邑中除桂岭书院为义学外，再无公费学校。外以家塾而论，则不止二千余所。蕉岭男子，清代极少文盲，私立学塾普设之功也。”而大埔县的情况更是如此。“山瘠栽松柏，家贫好读书。”

清嘉庆初年大埔县令曾感叹“潮之属，土瘠赋薄莫如埔，濯磨自喜亦莫如埔”，认为潮之各属（大埔当时仍隶属潮州府），土地贫瘠、赋税之薄，大埔首当其冲，然而论读书习文之风气，潮之各属却不如大埔。《乾隆大埔县志》曾这样描述道：“乡塾献岁延师开馆，腊尽解馆，几于寒暑不辍。至于蒙馆，则虽三家之村，竹篱茅舍，古木枯藤，蒙掩映，亦辄闻书声琅琅。”大埔县百侯镇的私塾尤为发达。据调查，至近代教育改制之前，百侯镇的萧氏私塾和杨氏私塾分别在20座和30座以上。杨缵绪建通议大夫第时，另在左侧30米处建兰台书室，面积达1600平方米，供子孙及村童读书。在清乾隆十二年（1747）丁卯科乡试中，杨氏家族中有7人同时中举，被称为“同堂七魁”。

大埔百侯杨氏私塾·兰台书室

私塾作为常见的民间教育形式，与亦私亦官的书院及主要属于官学范畴的义学、社学、儒学形成了既相互关联又相对独立的关系，承担着不同阶段人才培养的功能，为客家梅州地区教育的发展作出了巨大的贡献。而尤为值得注意的是，这些私塾的创办者及其裔孙，大多数与书院存在着千丝万缕的关系：从某种意义上说，他们的成长成材以及强烈的崇文重教意识，就是在书院教育推动下发展起来的教育熏染的结果。他们学有所成后，又通过不同的方式与途径参与到以书院活动为代表的教育事业中来，无论身处何方，或发起、倡设书院，或主讲于书院，育才造士。

由上考察，我们不难发现，以历史上客家梅州地区为例，在中国教育发展与人才培养的过程中，私塾、义学、社学、儒学与书院实际上是浑然一体的教育体系，它们共同构成了具有中国特色的教育与人才培养机制，是一份宝贵的文化教育遗产。

二　书院人才的培育

（一）人文蔚起　科甲联翩

据梅州市政协文化和文史资料委员会编的《梅州进士录》（2013）统计，在科举时代，梅州中式士子、登科第者中，秀才16479人（含廪贡4917人，武生324人），举人1783人（含武举人546人），各类进士283人，其中包括会试、殿试正榜进士247名（含原籍、寄籍外地进士，其中翰林33名），钦赐翰林15名，明通进士21名。另外有一个现象值得关注，历史上梅州的进士80%都集中在清代。据《光绪嘉应州志》记载：清嘉庆二十年（1815），嘉应州属考秀才的童生有万余人。

据梅县方志史料记载，从宋代至清代，梅县（包括今梅县与梅江区）人参加童试考取秀才的有3500余人，经乡试考取举人有的681人（含解元17人），经殿试考取进士的有112人（含翰林19人）。从清乾隆至嘉庆年间，广东乡试接连五科第一名（解元）的均为嘉应州人，被称为"嘉应五虎"：清乾隆五十四年（1789）已酉科解元梁念祖（梅县人）、乾隆五十七年（1792）壬子科解元宋湘（梅县人）、乾隆五十九年（1794）甲寅科解元叶钧（梅县人）、乾隆六十年（1795）乙卯科解元丘卓霖（大埔人）、清嘉庆三年（1798）戊午科（1798）解元李汝谦（梅县人）。据《登科录》记载，清乾隆十七年（1752）壬申恩科，广东全省考上进士者有11人，梅县一县就占了5名，"同科五进士"（李江、曾凤翔、温伯魁、曾殿川、李逢雍）从此传为美谈。清光绪二十四年（1898），杨源（字季岳，今梅江区人）中进士，成为嘉应州最后一名进士。

据清咸丰六年（1856）《兴宁县志》（泰州仲振履柘庵原本，桐城张鹤龄琴甫纂修）记载：宋有进士 5 人，明有进士 3 人，清（至咸丰）有文进士 11 人、武进士 10 人；文举人（乡举）：宋有 1 人，元有 1 人，明有 25 人，清（至咸丰）有 104 人；武举人：明有 5 人，清（至咸丰）有 82 人。

据清道光二十五年（1845）《长乐县志》（侯坤元修，温训纂）记载：五华县邑从明世宗至清道光二十三年（1843），有武进士 10 人，武举人 106 人，其中仅宋时便有举人 11 人，明神宗时五华诗人孔麟《循州诗》所咏“人文蔚起多金榜”，名不虚传。清乾隆三十七年（1772），长乐县华城黄埔人李威光，殿试钦点武科状元。清乾隆五十五年（1790），长乐县棉洋洛阳围人曾琼诽考取武科进士，钦点、钦授蓝翎侍卫，并留下了“狮子滚球”、“捺地割葱”（李威光）、“当考官拒贿选贤”（曾琼诽）的美谈。

“千家弦颂和潺湲，万户芸窗对翠微。”这是人们对历史上大埔县崇文重教景象的曼妙描述。明嘉靖五年（1526）大埔始置县，但其文教后来居上。罗香林在《客家研究导论》中称：“有清一代，广东的科甲，以嘉应本州及大埔为最盛。”据方志资料记载，清乾隆十年（1745）乙丑科的大埔“同科五进士”为：杨演时、杨成梧、陈可奇、杨文振、杨缵绪；清乾隆二十六年（1761），广东学政根据府试情况，将潮州府学 25 名学额分拨至各县，后统阅潮属九县文卷，发现“大埔称最”，遂将其中 11 名拨给大埔县，同时又因“人文最盛”的标准，再增拨大埔县学额 15 名。刘伯骥也在其《广东书院研究》中指出：从光绪年间广东学政徐琪奏报当时广东各属岁试情况看，当地的教育程度与书院分布的情形密切相关。如清光绪十九年（1893）奏报，“东江文风则以嘉应为最优，潮州平时首推海阳、潮阳、揭阳三县，然此外大埔一县，实可抗衡，即丰顺等小邑，读书亦具有识力”。事实也是如此。据大埔县地方教育史志资料记载：明清时期，大埔人文鼎盛，儒生秀才遍布，计有贡生 392 人、举人 257 人、奖给举人 7 人、进士 42 人、明通进士 6 人、翰林 15 人（其中钦赐翰林 4 人）。以上位居光禄大夫、太仆寺卿、太子少詹、按察使、翰林院编修、检讨、知府等中高官者有多人，如张裕葡萄酒创始人张弼士曾是光禄大夫（为纪念这一荣誉，张弼士还将自己在家乡建造的房屋称为“光禄第”）、中国首任驻日公使何如璋曾是翰林院编修。特别值得一提的是，素有

“科举之乡”美称的大埔县百侯镇。该镇自明以后文化鼎盛，科甲仕宦，联翩继起，阖郡震惊。仅明、清两代就有进士（含明通进士）23人，其中翰林5人，文武举人134人，是粤东地区的“文献之邦”，书院山长众多，对周边地区的文化产生了巨大的带动与辐射作用。其中杨姓获得“同榜十秀才”、“同堂七魁”、“同榜三进士”、“一腹三翰林”的美誉。杨、萧等大家望族世代以读书、为官、教书为业。科举人才的不断涌现，百侯学子们广交文友，教读四方，进一步扩大了对周边地区的影响，推动了大埔及粤东社会文化的发展，使百侯镇的社会地位和影响日益显重，逐渐成为粤东地区的地域性文化中心。作为清代粤东地区的科举重镇，百侯古镇留下了众多规模宏大、雕刻精美的名人故居、仕宦官邸、书斋等文化建筑。

（二）科甲望族排行榜

1. “岭南首第”·“一门三贵，旷世盛闻”

“岭南首第”是指宋朝以来广东第一个中进士者古成之。古成之生于世宦之家，其父古延绶任信安（今广东开平、广宁一带）县令，致仕来梅，见此地民风淳朴，风光秀丽，遂居焉，为梅州古氏开基祖。史载古成之自幼聪慧，苦读经书，于北宋太宗雍熙二年（985）一举成名，时督府劝驾诗中有“寰中有道逢千载，岭外观之只一人”之句，即为赞赏古成之。北宋太宗端拱元年（988），古成之参试上榜，成为宋代广东进士第一人。先后在河北、山东、四川任职，均以惠民为本，政简刑清，百废俱兴。北宋仁宗宝元元年（1038）农历九月十七日，古成之卒于四川绵竹县任所。古成之不仅为官善治，文章亦堪称一流，为南粤首倡，清代吴澹庵编的《广东文征》，将古成之的《汤泉记》列于首篇。古成之逝世后，祠祀于广州学宫（今广州中山四路一古建筑，即原“古氏书院”），中有试馆，院内悬挂有清同治十年（1871）状元梁耀枢撰写的“岭南首第”牌匾，可见古成之当时之影响。另外河源、惠州一带均建有书院，以资纪念古成之。

“一门三贵，旷世盛闻”则指古成之的三个曾孙古革、古堇（字仲达，号林泉）、古巩（字仲逊，号丹泉），兄弟三人于北宋哲宗绍圣四年（1097）同登丁丑科进士，哲宗皇帝高度赞誉古门家风。古革登进士后，初任琼州府学教授，掌教琼州府城、琼台书院，兴发当地文教，转化民心，深受黎民爱戴。因善治闻于朝野，古革又先后任浙江新昌知县、广东端州知府，均政绩斐然。北宋宣和年间，古革在梅城马石下建新宅，将大觉寺旧宅周边土地赠寺作为院产，大觉寺念其善举，设檀樾牌位以崇祀。古革登进士后，任广西象州知府，授中议大夫，扶耕立学，天下太平，深受官宦器重、百姓拥戴。北宋末年，时逢乱世，古堇回到梅州老家，拟与兄古革图议光复大计，未酬，遂回河源老回龙岭定居。古巩登进士后，授中顺大夫，官至广西宾州知府，为官清明。北宋徽宗年间，金兵攻陷东京，社会动荡，古巩辞官回归故里，负母（杨太夫人）骨骸迁居长乐县（今五华县）黄砂嶂邱山虾子塘，在深山结庐定居，成为长乐县古氏始祖。古巩卒于南宋绍兴二十六年（1156），寿 85 岁。当朝宣抚使吴璘撰挽联曰："施仁发政治黄堂，树立功勋辅圣皇，群邑士民惧感德，清中耿耿迈龚黄。"

大觉寺（图片来源：《梅江私塾》）

2. **"一朝三家三代同进士"**

宋朝嘉应州中进士者共 7 人，有 6 人出自古、蔡两家：古成之，北宋端拱二年（989）进士；子古宗悦，北宋皇祐五年（1053）三礼出身（进士）；曾孙古革、古堇、古巩兄弟，北宋绍圣四年（1097）进士，他们的相关事迹见前文已介绍。另一家是梅县松源蔡氏家族：蔡若霖（今梅县松源金星村人），南宋宁宗嘉定四年（1211）辛未科进士，任钦州州官时，端严持重，清正廉洁，体恤民苦，深受州人爱戴，任满致仕，州人挽之不留；告老还乡后修饰松源故居，建曾井宦室。蔡若霖之子蔡定夫，南宋淳祐四年（1244）甲辰科进士。史料记载蔡定夫“立志不骄，专好读书，子史百家，毕窥堂奥，典坟经传，咸熟于胸”，时值元兵来侵，国家多事，蔡定夫“惟将君陈孝友，施政于家，雍睦一室，和好四邻”，更训子弟曰：“忠孝廉节，国家至宝，尔等不可不善体此四字也。”蔡定夫之子、蔡若霖之孙蔡蒙吉，为南宋理宗宝祐四年（1256）丙辰童子科进士。另外，宋代客家梅州地区登进士榜首者，还有大埔县光德人张夔、张昌裔、张雷一家三代。张夔，北宋徽宗重和元年（1118）戊戌科进士，官授广东茂名县知县，清廉正直，宋高宗特赐诏褒奖，并在宫中屏风上写着“南有张夔，北有周昕”。张夔后来先后任廉州（今广西合浦）知县、新州（今广东新兴）知州，均政声远传。张夔的儿子张昌裔为北宋徽宗宣和六年（1124）甲辰科进士，先后任容州（今广西容县）、琼州（今海南琼山）通判，牢记其父“慎勿与人交水火，好留名节重邱山”的教导（所谓“与人交水火”，用今天的话说就是索贿受贿），奉公守法，清廉自律。张夔的曾孙张雷，是南宋宁宗嘉定七年（1214）甲戌科进士，授广州南海西蔚，未赴任，后改授滕州（今山东枣庄滕州）司理参军（掌狱讼刑讯之事），任满生为从政郎，得到皇帝召见，授象州（今广西象州县）通判。

3. “父子进士”（“丝纶世美”）牌坊

这里的“父子进士”特指明代大埔县饶相与饶与龄父子。饶相（1512—1591），大埔县茶阳城里人，明嘉靖十三年（1534）举人，明嘉靖十四年（1535）乙未科进士，官授中书舍人，外任于云贵，为官清廉，明嘉靖十七年（1538）升户部员外郎，监山东、河南漕运，奏请朝廷整顿漕运并得到核准。明嘉靖三十四年（1555）因父病请辞回乡，父亲去世后不再复出，居家30余年，筑祠堂，修族谱，设义田，办义学，上书请求蠲免全县无名租赋，并建议在县城门户三河坝建城。地方官员力荐饶相大才可用，但均被饶相坚辞。饶与龄（1543—1595）为饶相长子，明万历元年（1573）举人、明万历十七年（1589）进士，官授试政都察院，掌帝王诏令，宣朝廷德政，后以双亲年老请归，明万历十九年（1591），父亲饶相病逝，在家守制三年，片纸不入公门，乡里有私事请托他至官府说情者，送钱数百缗（古代货币计量单位，十串铜钱一缗，一般每串1000文），饶与龄正色坚辞。明万历二十三年（1595）服阕补为中书舍人，到任两月，死于任所。平生重操守，饱读诗书，虽长于官宦之家，生活却很俭朴，淡泊处世，体恤贫弱，凡有借贷而无力偿还者，皆烧其借券，不再追索。明万历三十八年（1610），茶阳城内饶氏宗族为纪念饶相与饶与龄父子，建"丝纶世美"牌坊（今大埔中学正门前）。"丝纶"之义，取自《礼记》"王言如丝，其出如纶"。后人以"丝纶"喻帝王昭旨。饶氏父子任中书之官，执掌帝王诏令，世有美誉，因此以"丝纶世美"为牌坊命名。牌坊采用花岗岩，高12.5米，宽4.66米，有三间十二柱三楼，牌坊正楼飞檐高翘，有屋盖，明间屋脊下石质斗拱间雕刻有"双龙腾云"匾，两端阴刻"恩荣"两字。枋额正、反两面分别阴刻"父子进士"、"丝纶世美"字样。最底层的一条石浮雕，正面刻双龙戏珠，背面刻双龙衔花，两端均装饰有双龙图案。两根石枋间镌刻有浮雕，右侧为双狮滚球，左侧为花鸟动物，镶麒麟石雕匾。牌坊中间上下两块横匾匾额记载父子两人的官职、履历等内容，上横匾两旁镶嵌有人物石雕匾。整个牌坊造型稳重，工艺精细，1989年被广东省人民政府定为文物保护单位，2013年被国务院宣布为全国第七批文物保护单位。

"父子进士"（"丝纶世美"）牌坊

4. “同堂七魁”·“一腹三翰林”·“三代八进士”

典出清代大埔县百侯镇杨氏家族。至乾隆年间，大埔县百侯镇在以清顺治十五年（1658）戊戌科进士肖翱材、清康熙二十七年（1688）戊辰科进士杨之徐为首的士人的鼓励下，成为全县科举最为繁荣昌达的地方，尤其是杨氏家族，更是被称誉为“岭南望族”。所谓“同堂七魁”，指的是在清乾隆十二年（1747）丁卯科乡试中，杨氏家族有7人同时中举：杨缵绪的儿子杨德基、杨锡恩，杨黼时的儿子杨德徵，杨茂时的儿子杨必诜，另外三人为杨振纪、杨缙铨、杨宫捷，均是杨缵绪叔伯的儿子。而在“同堂七魁”之前的清康熙六十年（1721），杨之徐与妻子饶氏所生的五子杨缵绪点了翰林。杨之徐本人亦因此赢得“父子进士”的称誉。杨之徐的孙子杨允玺是清雍正八年（1730）庚戌科进士，其家被称为“三世科甲”。杨之徐与妻子饶氏所生的六子杨黼时是清乾隆元年（1736）丙辰科进士，亦授翰林院编修，七子杨演时是清乾隆十年（1745）乙丑科进士，授翰林院编修，“一腹三翰院”、“杨氏三株”之称誉由此而来。杨士薰（杨之徐之父）的两个孙子杨演时、杨文振乾隆十年同捷南宫，“同榜二进士”；另一个孙子杨缵烈则在同年考中明通进士，至此诞生了“三代八进士”。杨缵绪曾经出任陕西按察使，饶氏被人称为“按察婆”。一日，“按察婆”回乡探望（一说是乾隆皇帝下旨召饶氏进京朝见后，饶氏荣归故里），取道江西庐陵，行至吉水（客家人聚居县份）地带，忽报前面有一群人拦路，当头一人擎起“天下第一”大牌，高声喊着：“来往人等，过此境地，文官下轿，武官下马！”“按察婆”命停轿传话探问原委，有士绅上前回话：“此乃贵地，隔河两宰相，五里三状元，十里九进士，文官下轿，武官下马，理所当然。请问何处官太夫人，敢不下轿乎？”“按察婆”听后笑了笑，传出话来：“隔河两岸各一天，十里阔地无关连；各乡各姓不同祖，怎比我一腹三翰院！”拦路人吓得立即让路，列队送行。从此，饶氏对诗退挡轿的故事在民间流传开来。

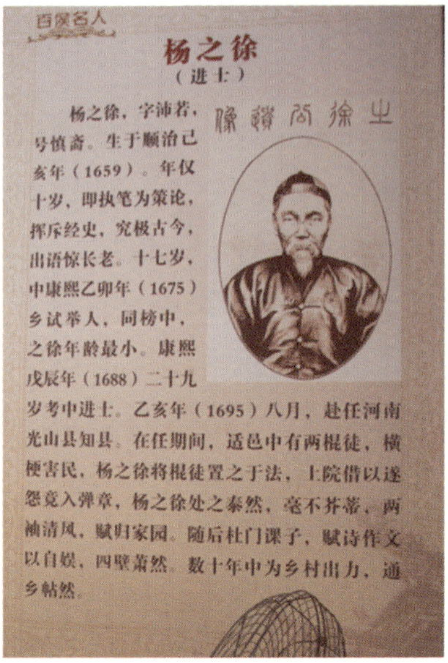

“一腹三翰林”父亲、康熙二十七年（1688）戊辰科进士杨之徐

（图片来源：大埔县人民政府）

5. “公孙三翰院”·“三代四翰林”

“公孙三翰院”、“三代四翰林”是后人对清代广东程乡（今梅州市梅江区金山街道）人李氏书香望族的赞誉。李象元是清康熙三十年（1691）辛未科进士三甲出身，官授翰林院检讨，是清代嘉应州第一个被授翰林的读书人，其文章学问曾被称为“粤东之最”。李象元在翰林院时曾轮值南书房，授命撰写《五经集说》，著有《赐书堂诗集》。清康熙四十一年（1702）农历十一月，康熙皇帝御临南书房，拟题“梅须逊色三分白”，李象元所作七律深得康熙皇帝赞赏：“梅花雪片共含春，素质清姿各自新。疏瘦寒葩堪比玉，霏微冷艳更离尘。同承天泽原无竞，静玩瑶华却有真。调鼎资梅耕赖雪，容颜虽异德仍均。”由此，李象元“南书房御试第一”之名誉满京中儒林。康熙皇帝后来将手书的王昌龄诗《斋心》赐李象元，并题条幅：“寻章摘句，华丽辞藻，非帝王之所本，朕二十余年，兢兢业业，未尝晷刻少释。万机自警，有始无终之诮，念兹在兹也。政事稍暇，颇好书射。历年以来，所积临摹字幅赐卿等观看。”这就是李象元告老还乡后将所建寓所命名为“御书楼”之由来。李象元的长子李端，清雍正元年（1723）癸卯科进士，选翰林院庶吉士，官居江苏荆溪县令。李端的长子李逢亨，是清乾隆十六年（1751）辛未科中进士，亦选翰林院庶吉士，故有“公孙三翰院”的佳话。另外，李象元的侄子李直，为清雍正五年（1727）进士，授翰林院检讨，故又有“三代四翰林”之美誉。

“御书楼”（图片来源：《梅江私塾》）

6. “五代连科甲”

“五代连科甲”的说法出自梁诗五的侄孙、同盟会会员、南社诗人梁拓凡之子梁辟村的一篇描述清代嘉应州城鼎盛人文的读书偶记：“其时，读书人以三堂称盛，即下市禄善堂黄，圣人寨闲初堂梁，三坑留馀堂张。梅县虽为嘉应州治，亦为僻州县，向无大富大贵。禄善堂有科甲，但非直系，亦不是数代相连，唯黄公度父子最有名。留馀堂有科无甲，桂苑联芳亦只三代。独吾家五代相连科甲，较之丙村井塘温姓，七科七举，尤为难得。”这里的“吾家”，指的就是梅江区三角镇东升村圣人寨梁屋梁诗五家族，从其高祖开始至梁诗五本人，连续五代蝉联科甲：高祖梁德隆，清乾隆四年（1739）中进士；曾祖梁鸣冈，清乾隆十七年（1752）中举，授江西赣州同知；祖父梁念祖，清乾隆五十四年（1789）高中解元，成为清乾隆至嘉庆年间梅州“五科连解”之首；父亲梁光熙，清咸丰元年（1851）举人，曾任青海西宁训导；梁诗五，清光绪十五年（1889）中举。据说梁诗五的高祖梁德隆先后授江西南康、瑞金等地知县，因爱民如子，惩恶有方，被称为“赣州十二属能员第一”；清乾隆十五年（1750）转任雩都知县后，还创设书院以振兴当地文教。祖父梁念祖自幼无书不读，尤为精通《周易》三礼，中举后任河南汲县知县等职，亲民如子，造福一方，深受爱戴。梁诗五中举后颇受朝廷重用，曾先后出使日本、德国、比利时等国，任公使馆参赞兼商务官员、长崎领事官等。梁诗五毕生官至二品，并被朝廷授予宝生勋章。与此同时，梁诗五致力教育，不仅掌教广州羊城应元书院达 14 年，育人无数，著述甚丰，还参与编修《光绪嘉应州志》，协助丘逢甲创办岭东同文学堂，支持、推动嘉应女学的创设，并在当时颇有影响的《岭东日报》上发表《劝办嘉应女学堂说》一文，在舆论上为叶璧华［粤东女诗人，清嘉庆二十一年（1816）丙子科举人叶轮的女儿、清道光二十年（1840）庚子科进士李载熙的儿媳妇］创办的女校助力，鼓励其夫人协助叶璧华办好梅县第一间女子学校——懿德女校，并把自己的女儿梁筠端姐妹送入女校读书。1905 年科举废除、新学兴起后，梁诗五别出心裁地用客家话创作《方言上学歌》，鼓励适龄孩童上学，在一定程度上推动了客家梅州地方教育的发展。

圣人寨“闲初堂”（图片来源：《梅江私塾》）

7. “兄弟父子同登科，三代官费博士家声”

“兄弟父子同登科，三代官费博士家声”是后人对清代嘉应州三坑口留馀堂张氏后裔科甲的描述。留馀堂张氏从第十七世至第二十世，在1822年以后不到80年的时间里，先后出了七位举人：张其翰、张其翻兄弟同为举人，其中张其翰为道光二年（1822）壬午科举人，张其翻为道光十四年（1864）甲午科举人；张其翰之子张麟宝、张麟定也是举人，其中张麟宝为咸丰二年（1852）壬子科举人，张麟定为道光二十九年（1849）己酉科举人。“兄弟父子同登科”，即此之谓也。

道光二年张其翰中举后留馀堂为其立的楣杆

此外，另有张其翰之孙张资溥为光绪十五年（1889）己丑科举人，张其翻之孙张衡皋为光绪二十七年（1901）辛丑科举人，第十九世孙张淑皋于清宣统二年（1910）参加保和殿廷试，被授予第一等第三名。“三代官费博士家声”，则指张淑皋官费留学日本、博士，其子张资珙则官费留学美国，攻读博士，其孙张天开官费留学英国，攻读博士。

8. “一里同榜三进士”

“一里同榜三进士”指的是嘉应州更楼下活泉书室（孙氏族人建私塾，建于清嘉庆元年，即1796年）的黄仲容、林丹云、张敦道三人同年同榜考中进士。黄仲容（今梅州市梅江区黄泥墩人），清道光三年（1823）癸未科进士，授翰林院编修，先后任江西、广西道监察御史，为官坚持原则，所陈漕运利弊，为时人称赞。黄仲容还精于小楷，有“黄小楷”之誉，为当时京城十大书法家之一，其黄泥墩寓居“课芸厅”三字即为其亲笔题，传说清代嘉应州官员每年到附近山川亭祭祀，途经黄仲容寓居时，都要驻足观赏。惜此三字“文革”时期被涂上灰砂，后经其裔孙擦拭，“芸”字方才露出。黄仲容晚年在惠州丰湖书院、潮州城南书院讲学，造士无数。与黄仲容同榜的进士林丹云

（今梅州市梅江区西郊人），于道光六年（1826）补绥定府大竹县知县，修立义学，捐建书院，体恤孤贫，以廉明著称。传说林丹云卸任之时，当地绅耆送匾联，万人卧攀辕遮道挽留。晚年自置居庐并自题门联："明心自爱常临水，问舍还依旧结庐。"同榜三进士中的第三人张敦道（今梅州市梅江区西郊人），授江苏常熟知县，著有《石溪草堂诗草》。

活泉书室（图片来源：《梅江私塾》）

9. "上市梁，下市黄"（一说"上市黄、梁，下市张、黄"）

"上市梁，下市黄"是近人对历史上嘉应州城人文鼎盛景象的描述。其中"上市"，指的是嘉应州城西区黄泥墩，此地曾名"望杏坊"（取自唐代诗人高蟾"天上碧桃和露种，日边红杏依云栽"诗句之意），清末改名为"红杏坊"。"上市梁"指的是梅州近代著名的女教育家梁浣春娘家梁氏。梁家是一个人才辈出的书香官宦之家。梁浣春的曾祖父梁慎桢是清嘉庆十六年（1811）的进士，官至内阁中书、礼部郎中，后人称为"礼部郎公"；祖父梁心镜是清道光二十八年（1848）举人，官授福建，人称"刺史公"；叔父梁国瑞是清光绪十五年（1889）举人，候补光禄寺署正；梁浣春的亲侄子梁伯强早年留学德国，后来成为中国科学院学部委员（相当于院士）；她的堂弟、嘉应州历史上最后一位秀才梁伯聪，是著名教育家，早年掌教梅州中学，

培养了中国现代美术大师林风眠、中国现代象征主义诗歌早期代表诗人李金发等名人。建于清光绪二十九年（1903）的梁氏私塾鹤和楼，曾是当年嘉应州城里的一道文化景致。“上市黄、梁”中的黄，是指清代由潮（澄海前溪）入客（家）驻扎在此的黄氏十一世兄弟三人黄伯和、黄伯广、黄伯深，他们入客后很快成为远近闻名的书香望族。从这里先后脱颖而出了一批饱学之士：进士黄慎斋、翰林黄仲容、文举人黄仲宣和黄维耀、武举人黄维振、贡生黄仲安等人。此地各大塘边，至今仍屹立着曾经见证当年鼎盛人文的太史第、醉经居、醉经楼、岁贡第、都察院等一座座颇具人文气息的客家围屋。“下市黄”主要是指攀桂坊黄氏家族“禄善堂黄”。攀桂坊黄氏开基祖黄恬生的裔孙中，仅黄遵宪的高祖父黄润四代人（即“禄善堂黄”）100 年间，就人才辈出：儿子辈中的黄学陶、黄学锦是贡生，黄学诗是国学生；延至黄遵宪一辈，先后出了一个进士、八个举人，即清道光二年（1822）壬午科举人黄俊，曾任山东知县，清道光十五年（1835）乙未科举人黄际虞，曾任福建仙游知县，曾任山东知县的清同治元年（1862）壬戌科举人黄敬元，清咸丰六年（1856）丙辰补科举人黄鸿藻（黄遵宪父亲），曾任广西思恩（今武鸣县）知府，清同治二年（1863）癸亥科进士黄基，清同治九年（1870）庚午科举人黄鸾藻（黄遵宪叔父），曾任广东信宜县训导，清光绪二年（1876）举人黄遵宪，清光绪十五年（1889）己丑科举人黄遵楷（黄遵宪弟弟）。除黄润一脉外，黄恬生裔孙中成就举业者大有人在：如清康熙二十九年（1690）庚午科武举人黄立中；清康熙三十五年（1696）丙子科武举人黄朝凤；清乾隆二年（1737）丁巳科明通进士黄奂，历任江南芜湖、来安知县，授石城教谕；清乾隆二十一年（1756）丙子科文举人黄梅；清乾隆四十二年（1777）丁酉科武举人黄奎举以及先后在清嘉庆十八年（1813）和清嘉庆二十二年（1817）乡试登榜的黄学猷、黄学古等。不过在“禄善堂黄”众多成就举业者中，独占鳌头、彪炳千秋的显然还是黄遵宪。黄遵宪四岁就读于宗族私塾桐花书屋，即表现出非凡之才：启蒙老师李伯陶曾以本州著名乡贤、有“神童”之誉的蔡蒙吉诗句“一路春鸠啼落花”命题私塾生童作文，黄遵宪对曰“春从何处去？鸠亦尽情啼”，让李伯陶大吃一惊；于是李伯陶隔日再以杜甫诗“一览众山小”为题命塾生赋文，年仅 10 岁的黄遵宪又写下

“天下犹为小，何论眼底山”，可谓语出惊人。“下市张、黄”中的张，主要是指攀桂坊张家围张氏书香望族。明崇祯八年（1635）任程乡县令的陈燕翼，曾在张家围张氏祖堂（是开基祖张肩一所建，张氏后裔称“肩一祖堂”）落成时，赠匾“寿朋文种”（肩一祖堂后来因此也叫“文种堂”，寓意张氏代代相承、相继如种的文才）。张氏裔孙果然不负厚望，鲤跃龙门，人才辈出。张肩一的五个儿子，均以文学著名。“碧桃红杏飘书带，日依栏干望几回。旧雨不逢排闼至，先生今为看花来。”这是当年张琚为县令陈燕翼（号醴泉）过访张氏宗族私塾时写下的诗句，红杏书香溢于字里行间。据统计，从张肩一的二儿子、明崇祯十二年（1639）己卯科举人张琚开始算起，攀桂坊张家围张氏裔孙（包括后来从这里迁居出去的张氏裔孙）先后出了2个进士、20多个举人，近百个监生、奉生，以及一批文化名人。清乾隆四年（1739）己未科进士张云翮曾任四川射洪县知县，清乾隆十六年（1751）辛未科进士张云蒸曾任贵州永丰（今贞丰县）知州。而从攀桂坊张家围迁出的、城东三坑口留馀堂张氏的开基祖十六世张应谦，其裔孙之书香文墨更是成为当年嘉应州城的一道亮丽风景：仅从第十七世至第二十世——即1822年以后不到80年的时间里，留馀堂张氏家族便出了七位举人，后有“兄弟父子同登科，三代官费博士家声”的美誉。史料记载留馀堂裔孙读书中举后官至四品者有两人（张其翰、张其翻兄弟），身后功名录入《光绪嘉应州志》者有五人，其中第十八世孙张麟定还参与编修了《光绪嘉应州志》。而黄遵宪等作序的《梅水诗传》，仅留馀堂张其翰等人的诗作，便辑录了238首（其中张其翰30首，张其翻80首，张麟宝12首，张麟定31首，张麟安47首，张麟寯8首，张养重3首，张资溥19首），几乎占《梅水诗传》“初集”篇目的1/10。第二十世孙张资平是“创造社”的“四大金刚”之一，也是中国现代言情小说开山祖。还有一个从张家围张氏望族走出来的现代文化名人，即敦本堂张屋的张棣昌，他是20世纪50年代著名的音乐家、电影词曲家。据统计，张棣昌曾先后为30多部电影谱写了插曲和背景音乐，其作品有电影《我们村里的年轻人》的插曲《人说山西好风光》、《幸福不会从天降》（《樱桃好吃树难栽》），电影《神秘的旅伴》中的《缅桂花开十里香》，电影《党的儿女》中的《兴国山歌》等，这些歌曲经久不衰，半个多世纪来一直为人们喜爱。

嘉应州上市红杏坊一角（何日胜摄）

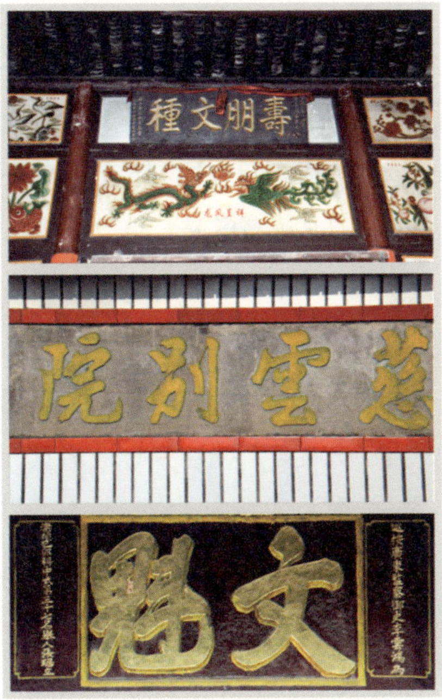

嘉应州下市张家围肩一祖堂“寿朋文种”及旋溪书堂内牌匾
（图片来源：《梅江私塾》）

10. **“五代文武科甲之家”**

“五代文武科甲之家”是指镇平（今蕉岭县）新铺镇蔼岭村钟琅家族。钟琅（字遇宾）于清乾隆五十七年（1792）中壬子科乡试举人，任南海教谕；其子钟李期（字仙根），清嘉庆十五年（1810）庚午科举人，官至电白县教谕；其孙钟孟鸿，清咸丰六年（1856）丙辰科进士，历任刑部主政等职；其曾孙钟应泰、钟应同是清光绪年间举人，前者历任湖北枣阳、保康、宜昌等知事，后者官至安徽泰和知事；

其玄孙钟子英（字殿臣），清光绪十五年（1889）已丑科进士，官至香山守备。钟孟鸿的母亲为清嘉庆二十四年（1819）举人黄香铁之妹，自幼受到良好的启蒙教育。钟孟鸿后来与宋湘、黄基被称为岭南三大学者，民间流传其逸事颇多。据说自幼素有神童之誉，天资过人。一次嘉应州学台亲到私塾探访，有意试他文才。学台出了一上联“双塔隐隐，七层四面八方”，要他对下联。适逢钟孟鸿未到，学台便问在场学生能否对上，不料个个瞠目结舌，连连摇手。正值此时，钟孟鸿赶到，问明缘由后即与学台说：“学台大人，此联不用我对，学生们已经对上了。”学台惊问何解？钟孟鸿答曰：“孤掌摇药，五指三长两短。”学台听后点头称赞：“果然名不虚传。”后来钟孟鸿年老归省，在家筑藏书阁，其横额“耒经巢”为其同寅、近代洋务运动领导者丁日昌所题。钟孟鸿于耒经巢常与宋湘、黄基读诗论文，著有《柳风馆存稿》。

（三）两点思考

一是书院的创办带动了本土教育的发展，培育的人才学有所成后反过来推动了当地教育的发展。科举时代，尤其是到了清代，书院的大规模发展为国家培养输送了大量的科举人才，这些中举的士人成就后只要有机会，即反哺故里，致力乡里教育与人才培养。这种良性互动的例子可以说是俯拾即是，如《乾隆嘉应州志·懿行》中提及李士濂“持心敬谨，竖品端方，与弟李士淳勉期远大，明道兴学，四方师事者尝百余人”；《乾隆嘉应州志·乡贤》提及李士淳晚年遁归故里后，“建耆英书院以造士”。州志还提及李士濂之子李椅建松溪书院，“有志力学之士，皆得肄业其中”。为了更深入了解这一情形，这里再举两个比较典型的例子，一个是“一腹三翰林”的清代大埔县百侯镇杨氏家族，另一个是“公孙三翰院”的清代嘉应州李氏家族。

清代康乾时期，大埔县百侯镇杨氏家族在当地的影响已举足轻重。我们从“三翰林”的祖父辈作为考察的起点：杨士薰虽不过是顺治甲午科拔贡，但笃学励行，居家教授子弟，并以此传家。其子杨之徐（康熙戊辰科进士）清康熙三十八年（1699）归田后承父志，“杜门课子，诗文自娱”。清雍正二年（1724），杨之徐五子杨缵绪被革职回家，杨之徐希望儿子以自己在京师所学，给族中弟子讲经论史，扶

植后辈，终成正果：不仅弟弟杨黼时、杨演时分别在清乾隆元年（1736）和清乾隆十年（1745）登进士榜，均点翰林，而且“同堂弟侄，数以科甲仕宦，联翩继起”；外甥邱元遂在他的点拨下，6岁能文，13岁考中秀才，被当时广东学政惠士奇称为“神童”，后于21岁中举，清乾隆元年（1736）35岁时中进士。清乾隆十二年（1747），乾隆知杨缵绪为官清廉，两袖清风，赐款为杨缵绪建九厅十八井的府第。杨缵绪晚年致仕归家后，一如其父，“杜门日课子孙，读书作文”，其弟杨演时中进士选庶吉士授翰林院编修后，不久亦告假归家，闭门讲学，并自撰一副对联自勉：“容膝易安，且喜藏书万卷；力田有获，何如教子一经。”杨黼时也在成就举业后不惜躬亲教授子侄、村童。在几代人的共同努力下，杨家举业日旺：杨缵绪的三个儿子，两个中举，一个副榜，杨黼时的四个儿子杨德征、杨德瑞、杨德邵、杨德彰全部考中举人，荣称为“同堂七魁”，御赐“七叶衍祥”的匾额。据现存大埔县百侯镇杨氏谱牒资料记载，杨士薰“孙曾以下成进士者五人，三馆选二分登贤书者十八人，贡监青衿七十于人”，有“岭南望族”之美誉：“科名甲第相望，关于西一派，蔚为粤中望族。”后来潮州府知府周硕勋聘请杨演时主持龙湖书院，文风由此大振。其时，潮州适逢修府志，杨演时竭力协助，搜集文献，以助成书。凡潮属利弊，太守悉访之，绝不以私干，周益重其品，认为“杨君真道学人也”。杨演时还出任过广西秀峰书院、福建鳌峰书院山长。值得一提的还有其教育学子的宗旨：“为学务将圣人道理从心体验，徒摭拾词章，猎取科名，无裨也。”

另一个颇具代表性的是“公孙三翰院”的清代嘉应州李氏家族。《崇正同人系谱》记载李象元生平气度谦和，乐善好施，兄友弟恭，对于族中“贫者为之婚嫁，或给屋以居”。其弟李嘉元死后，李象元视其子如己出抚育之。李象元性好聚书，手不释卷，族中有后学前来请教学业，他总是孜孜不倦，却从不收取分文。李象元告老还乡后建

"御书楼"，以"赐砚堂"为堂号。① 御书楼既为李象元寓所，又是其子孙后代读书治学之场所。后因子孙日繁，族中来求教者太多，李象元又在家中创建四合院风格的上、下学堂，作为宗族子弟读书求学的场所。其中上学堂称作"选精馆"，下学堂称作"梅花馆"。上、下学堂与李象元的学生为其建造的尊礼堂（地址均为现在梅州城隍庙街）一起，为族中子弟乃至村中孩童提供了习文练武、读书强身的地方，成为当时嘉应州城一道亮丽的文化教育风景。传说李氏族中子弟繁多之时，李象元忙不过来，还另请邻近蓝屋不第秀才蓝钦奎当塾师，并对其文章加以点化，蓝钦奎进步极快，后于清雍正十一年（1733）中癸丑科进士，官至山西巡抚。李象元倾心扶掖后学的举措不仅如此，为了让宗族、村社更多的后学者有机会接受的教育，康熙五六十年，李象元又在上、下学堂附近建一占地 400 多平方米的私塾"学诗堂"，并将自己集聚的经、史、子、集，音韵、训诂，医药、星象等书籍摆置其中，潜心培育后学。据说李象元的长子李端（雍正元年即 1723 年癸卯科进士），外孙叶承立（乾隆乙丑科即 1745 年进士）及宗族、村社中的秀才、举人等科甲人才，都在学诗堂启蒙开学。其三个儿子、四个侄子、四个孙子均考取举人，李氏家族"门中弟子中多有后来官居显位，取得重要成绩者"。温仲和后来在《光绪嘉应州志》中赞赏嘉应州因李象元而"郡邑化之，文明日起"。

---

① "御书楼"堂号为"赐砚堂"。这其中还有一个典故。清康熙三十八年（1699），李象元被任命为山东典试副主考，这在科举时代，特别是清朝士林中常被看作是一大肥缺。不过李象元对此并不以为然，并赋诗明志，警示自己。到山东后，李象元"严绝请托，有以厚利陷者，屹不为所动"，并且与其他考官焚香盟誓，对考卷谨慎鉴别，"凡去取高下，商榷往还，至再至三"，唯才是举。其时任文华殿内阁大学士兼礼部尚书山东人赵国麟，屡次赴考，均因家贫未疏通考官，加之以形象欠佳（背微驼），无功而返。李象元后来从纷繁考卷中发现赵为文挥洒自如，沉稳雄健，于是坚持选取其为解元（第一名）。依清例，典试正、副主考对取卷名额有规定，而李象元仅择录赵国麟一人，其余十七人都让正主考选录。正主考对此颇为诧异，李象元解释道：赵国麟虽然五官有些缺陷，但颇有奇才，因此特录取他。此举在京师官员中传为美谈。据李象元之子李业为其父撰拟的墓志铭介绍，清康熙四十一年（1702）冬的一天，康熙皇帝询问近臣有关各省典试清廉的情况，众臣皆答李象元参与的山东典试最为公正廉明，所选士人皆"宿学名儒"。康熙皇帝听后颇为高兴，特赐李象元松花绿石砚一方以嘉勉。李象元珍爱有加，并在砚上撰"异韫辉山，文明是弼"等字。同时将所建"御书楼"取堂号为"赐砚堂"。遗憾的是，清同治四年（1865），太平天国军队炸开嘉应州北门攻入州城后，把藏于御书楼上堂阁楼的松花绿石砚从楼上摔下，石砚被摔得粉碎。原本镶挂在中堂的"赐砚堂"匾，也在 20 世纪大炼钢铁时被烧毁了。话说赵国麟做解元后，由于家境贫寒，李象元后来还专门资助他赴京参加春闱，赵国麟终于考取进士，并先后官授安徽、福建等省巡抚。由于为官清正，擢升为朝廷大臣。李象元在京城 20 多年后告老还乡，买舟南下，赵国麟专门到码头送行；李象元 71 岁寿诞时，赵国麟修书广东巡抚，请其代往嘉应祝寿，巡抚不敢怠慢，并带动包括潮州的地方官员在内的各地官员前来祝寿，一时水路堵塞。

学诗堂（图片来源：《梅江私塾》）

二是联姻注重门当户对，以保证书香望族能够代代相传，同时也此让子孙后代有切磋读书心得的对象。

在“上市黄、梁，下市张、黄”的史话中，不仅洋溢着氤氲的诗书文化气息，更有让人津津乐道的书香望族之间的“世姻之雅”。梁浣春叔父、廪生梁国睿是黄遵宪的妹夫；攀桂坊黄氏第二十三世孙黄眉（字少初）娶的是上市梁氏家族的才女梁浣春。黄遵宪高祖父黄润娶的是清乾隆三十一年（1766）钦赐翰林钟锠（今梅县西阳直坑村人）的孙女，曾祖父黄学诗娶的是嘉应州城隍庙清康熙三十年（1691）辛未科翰林李象元之孙女，祖父黄际升娶的是清乾隆五十四年（1789）己酉科解元梁念祖的孙女［梁念祖的玄孙女即梁诗五的四女儿梁华銮，亦是当年蕉岭县咸丰六年（1856）丙辰进士钟孟鸿之孙钟钧梁的妻子，五女儿梁筠端是诗人丘逢甲之子丘念台的妻子，六女儿梁蕰庄则是著名世界量子化学家潘毓刚的母亲]。黄遵宪堂叔、同治二年（1863）癸亥科进士黄基祖父黄学锦娶的是清乾隆十八年（1753）癸酉科举人刘凤歧（今梅州市梅江区东郊司马第刘屋人，曾任江西新淦县知县）的孙女。而据《留馀堂张氏族谱》载，留馀堂先世第十二世祖张存介、梅州城区楼下塘保昌堂张氏开基祖夫人李氏，为明嘉应松口翰林院编修李士淳之孙女；张其翻之长孙张润皋的夫人黄氏，则为在勤堂人境庐主人黄遵宪之妹，而黄遵宪之孙黄能立的夫人张翠云，又为留馀堂第二十世孙张秉经之孙女。另据留馀堂谱牒材料记载，张其翻夫人乃清乾隆六十年（1795）乙卯科举人李梦珠（梅县松口人，曾任湖北崇阳县知县）之女。一个没有良好风气的宗族，要培养出一个深明大义的国之器才，是无法想象的。“上品无寒门，下品无士族。”中国社会，特别是魏晋以前，对名门望族的讲究，如“上市黄、梁，下市张、黄”书香望族之间对以门当户对为基础的“世姻之雅”的崇尚，从另一个侧面看，实乃包含着对一个家族风尚亦即家风家法的看重与认可。留馀堂先祖取“留馀”为堂名即已可见一斑：“积善之家，必有余庆”，“凡事必要留有余地”。现存留馀堂张氏谱牒材料记载张其翰当年曾亲自拟写留馀堂厅联：孝友一家庶可承忠厚延绵之泽，蒸尝百世其毋忘艰难缔造之勤。此联可谓与留馀堂先祖之典训相得益彰。《光绪嘉应州志》记载张其翻“尝训其子孙曰：处己待人，总当务实，实即诚也。诚字博大精深，不易下手，实字问心即是也。勉强行之，久久渐熟，受益不少”，由此可见张其翻所学之平实。州志还记载张麟宝晚年积功授知县补缺，“用赏戴蓝翎”，受朝廷奖赏，但张麟宝不以利禄动心，“家居奉母以孝闻”。忠诚务实，孝顺父母，淡泊名利，行善积德，留馀堂如此家风，推之于世，则造福于世。梁诗五高祖梁德隆晚年辞官归里，两袖清风，囊中空如，并教训儿女：“不义之财，一文不取，此言可让你们终生受用。”由此看来，“世姻之雅”并不仅是茶余饭后的一个日常话题，在继承中国传统婚姻观念的背后，反映出来的是以中原文化为主体的中国传统文化在漫长历史长河中对客家梅州地区民风教化的熏陶。

类似的还有大埔县百侯镇的杨氏家族与当地大户之间的联姻、流传于嘉应州的“翰林女儿翰林母，翰林媳妇翰林妻”的故事。

大埔县百侯镇杨氏家族杨士薰之妻，乃清顺治十五年（1658）戊

戌科进士、当时大埔最有社会身份的萧翱材之姊。萧翱材晚年作《训子文》："守身莫如慎、进业莫如勤、持家莫如俭、与人莫如谦。"相传杨缵绪之父杨之徐年仅10岁就能执笔写策论，出语惊人，清康熙十四年（1675）乙卯年中举人，为同榜年龄之最小者。杨之徐的继配饶氏，身出"父子进士"之饶家大族。传说杨之徐一日前往茶阳探友，路经一屋，门前晾晒一草席，隐隐有三条龙形，甚奇，叩门而问，方知该屋主有一女年十八，自小遗尿，皮肤粗糙有鳞片，急求婚，当即应许。选定佳日出嫁，天降暴雨，茶阳河水暴涨，人们都说是"龙女出嫁"。另一种说法是，杨之徐在茶阳设馆授徒时，知饶员外之女饶氏貌虽不扬，但才思敏捷，会吟诗作对，为人知书达理，于是慕其德才，迎娶为妻。传说饶氏出嫁时，县令梦见一条母龙带着三条小龙从城墙游出。饶氏嫁后既做贤妻，又当良母，重视对儿子的良好教育。她的三个儿子5岁就能读《三字经》，8岁便能吟诗作对。兄弟三人先后考中进士、选入翰林院，名闻遐迩，为神州少见。而饶平刘姓财主来杨家"借书种"的传说，则几乎成了杨之徐娶妻的另一种版本。相传杨黼时有一小女未嫁。当时饶平县有一位姓刘的财主，为了"传书种"，特地来百侯镇寻娶媳妇。有人介绍说翰林杨黼时有个最小的女儿未嫁，于是刘财主找上门去说亲。杨黼时不愿把小女嫁到相距较远的饶平，但出于礼节又不便当面拒绝，便用委婉的办法出难题给刘财主，说如果明日能挑100箕甜粄作订婚礼便答应。他估计在这时间短、数量大的情况下，刘财主肯定难办到，这样便可达到不辞而退的目的。没想到，刘财主却马上答应。刘财主当日返程，途中一路布置农家为其蒸甜粄，用高价定购。回到饶平后又布置家家户户蒸甜粄，据说当夜饶平县内碓声不停。第二天100箕甜粄如期完成，即派专人送到百侯。杨黼时见随行而来的未来女婿相貌端庄，谈吐得体，便答应了这桩婚事。其女嫁到饶平县刘家后，生下两个儿子，一个名桃，一个叫李，长至学童后被送到百侯外公家读书。结果，兄弟俩同时考中举人，轰动当地。当地人认为这是百侯的书种传过来的结果，对百侯非常佩服。据光绪《饶平县志·选举志》载，故事中的桃、李两兄弟为刘映华、刘映春，他俩于清嘉庆三年（1798）同时考中举人，轰动当地；刘映华还于清道光二年（1822）考中进士。①

① 资料来源：http：//tieba. baidu. com/p/3028100461。

流传于嘉应州的“翰林女儿翰林母，翰林媳妇翰林妻”的故事，可以说是大埔“按察婆”饶氏对诗退挡轿故事的变文。只不过在这个变文故事中，我们更多看到的则是有关“世姻之雅”的话题：

相传清雍乾间，嘉应州知州刘某，胸无点墨，斗大的字识不满一箩，却官气十足，横行霸道，自诩是一州“当权”、五属之尊。为显官威，他经常借故“出巡”。出入坐八人抬大轿，侍从数十人，前呼后拥，大轿前还赫赫挂着“五品正堂”腰灯。百姓见之，退避三舍，惧之如虎狼。谁要是回避不及，便被加“挡道”之罪，轻则杖责，重则下狱。这家伙且是贪赃枉法、鱼肉乡民之徒，众皆痛恶。一日，刘州官又乘蓝尼银顶玻璃官轿出巡，隶卒前行，执事鸣锣开道，仪卫高举“肃静”、“回避”旗牌，吆喝声声，似虎啸狼嚎，官轿横冲直撞，好不威风！穿街过衢，适在窄巷中，州官大轿遇着迎面来的一乘小轿，里面端坐着一女人。轿夫惶恐地对轿中女人说：“州官大轿来了，快退避吧！”那女人却说：“别理他，尽管往前走，我今天就是要撞撞他，为百姓争口气的！”两轿相距咫尺，州官随从喝道：“哪个斗胆，敢不回避!?”那女人冷冷地回言：“请问来人是什么前程，摆这么大势?”州官不耐烦地从轿中探出头脑，盛气凌人地吼道：“吾乃直隶嘉应州五品正堂，汝是何人，竟有眼无珠！”女人掀开轿帘，正色地答道：“回州官大老爷，小妇人乃‘翰林女儿翰林母，翰林媳妇翰林妻’是也。”原来她是陈鹗荐之女，李象元之媳，李端之妻，李逢亨之母。陈与李氏父子公孙都是翰林。刚才还趾高气扬、不可一世的刘州官听到回答，头猛然缩将进去，脸如土色，冷汗淋漓，瘫痪在轿，此刻才清醒地意识到自己不过是贡生出身……忙令偃旗息锣，将坐轿倒抬出巷，众人见之，无不称快。①

故事中的四个翰林，分别是“公孙三翰院”中的李象元、李端、李逢亨，还有一个是陈鹗荐（今梅县程江镇程江村人），清康熙三十二年（1693）癸酉科解元，清康熙三十九年（1700）庚辰科进士。陈鹗荐是清代嘉应州继李象元后的第二个翰林。故事中的女主角即是陈鹗荐的女儿。方志史料记载陈鹗荐入翰林后因母老乞归家，居家三十

① 谢永昌：《梅州客家风情》，香港：天马图书有限公司1998年版，第286～287页。

年，勤课儿孙，扶掖后进，化导乡族，解息纷争，设舟楫，修桥路，建书院，自拟对联“孝友为家政，诗礼属世传”。陈鹗荐的文章、德行为乡人所敬仰，常有远人前来拜访。而论及家规家法，李象元家也有可圈可点之处，如方志史料记载其“家法严整，内外肃然，疾革犹训诫子孙作官勿受非分钱”。李、陈两家联姻，可谓门当户对，是典型的“世姻之雅”。

三　新式学堂的兴起

（一）晚清书院的困境

尽管在明嘉靖、万历、天启年间，统治者出于维护政权的考虑，曾三次禁毁书院，特别是魏忠贤对东林书院拆毁殆尽，几乎片瓦、寸椽不留，但书院始终表现出一种顽强的生命力。有研究者认为，从唐末至20世纪初，书院教育之所以能够持续1000多年，主要原因有两个：一是理学家标榜其可以替代以科举为目的的功利教育的理想，二是印刷普及后识字大众的增加，使得国民对受教育的需求与日俱增，而政府教育（即所谓的“官学”）无法承担如此繁重的教育任务。这是有一定道理的。换句话说，在这1000多年的时间里，就教育功能而言，书院教育在一定程度上消化科举制度弊端的同时，又与政府教育共同承担了国民教育的重任。嘉应州于清光绪五年（1879）由邑绅倡办的崇实书院，“课士章程仿省城学海堂、菊坡精舍成规，课分四季，题别六门，考古之学曰经、曰词章，通今之学曰舆地、曰掌故、曰天文算法”。从中我们可以看出，崇实书院的课士内容，已不完全是为了应对科举考试，同时还在努力与时俱进，表现出洋务运动后中国读书人逐渐认同与接受“中学为体，西学为用”的精神趋向。

但书院发展到清末，大势已去，气数殆尽，这又是一个事实。前些年有一研究清末（1902—1911）梅州教育研究的硕士学位论文（罗国兵，山东大学，2009）从相关史料中整理出清光绪三十年（1904）前后嘉应州各属的科考应试试题（见下表），指出其中虽然也有一些试题具有时代气息，关注近代中国的命运，如清光绪三十年（1904）

五月初四嘉应岁试的试题和清光绪三十年（1904）六月初九嘉应州初复试兴宁、长乐二县的试题，但更多的考题都是无济于世的八股文试题。

光绪三十年（1904）前后嘉应州各属的科考应试试题

试题来源	题型	试题考试时间	试题出处
嘉应岁试	四场题：泰西各国工艺论；泰西诸国富强优劣论	光绪三十年（1904）五月初四	汕档案卷号E548
大埔县试二复题	汉武帝诏举茂材异等，可为将相及绝国论	光绪三十年（1904）四月中旬	汕档案卷号E547
兴宁县试二复题	子贡问曰：有一言而可以终身行之者乎一章义	光绪三十年（1904）四月初七	汕档案卷号E547
丰顺县试	君子周而不比，小人比而不周义；不贵异物贱用，物民乃足义；君子欲讷于言而敏于义；所宝唯贤则迩人安义	光绪三十年（1904）五月十五日	汕档案卷号E548
州试平远、镇平二县	圣人人伦之至也义；由仁义行非仁义也义。通场次题：能自得师者王义	光绪三十年（1904）五月	汕档案卷号E550
嘉应州试兴宁县	宽则得众信则民任焉义。又考长乐县题：不戒视成谓之暴义。通场次题：君子以厚德载物义	光绪三十年（1904）六月初二	汕档案卷号E550
嘉应州初复试兴宁、长乐二县	泰西诸国教育宗旨，各有偏重，中国今日国亟兴教育，当以何国为法？何国为不宜法？能斟酌其异同。得失而详言之欤策	光绪三十年（1904）六月初九	汕档案卷号E550
嘉应州试	州试首场题目：已冠，子夏为吕父宰问政一章义；未冠，不患人之不知己，患其不能也义。通场次题：慎乃俭德，惟怀永图义	光绪三十一年（1905）三月初三	汕档案卷号E562

（续上表）

试题来源	题型	试题考试时间	试题出处
长乐县试三复题	王大令先命一题：中国铸金币得失论。移时另换一题：宗教哲理消长关系论。通场次题：权利义务释义	光绪三十一年（1905）三月上旬	汕档案卷号 E562
州试平远、长乐二县	首题：为机变之巧者无所用耻焉义，食之以时用之以礼，财不可胜用也义。通场次题：博闻强识而让敦善行而不怠谓之君子义	光绪三十一年（1905）四月初五	汕档案卷号 E564
州再复平远、长乐二县	十五日州再复平远、长乐二县文童题：中兴名将优劣论	光绪三十一年（1905）四月十五日	汕档案卷号 E564
嘉应州试	君子病无能焉不病人之不己知也义		汕档案卷号 E564

范福潮在《改造科举制：清末新政的第一步》（《南方周末》，2014 年 8 月 21 日）一文中认为：科举制的弊端并不在于考试方法（“三试”，即乡试、会试和殿试），也不在于考试内容（八股文），而在于它有悖于现代教育的宗旨——西方现代教育是由政府推行的平民教育，办学宗旨是为社会培养各类所需之才，而中国传统教育是典型的精英教育，是为科举服务的，其宗旨是为朝廷培养和选拔官员。私塾、书院、县学、府学可以为“三试”培养出足够的生员，但培养不出现代国家所需要的各种专业技术人才。这种情况必然对绵延千年的书院产生巨大的冲击。到清朝中后期，书院基本上已与科举形成合谋，官学化倾向日益明显，书院的山长由上级官员同僚互相推荐，有名无实，也导致有些书

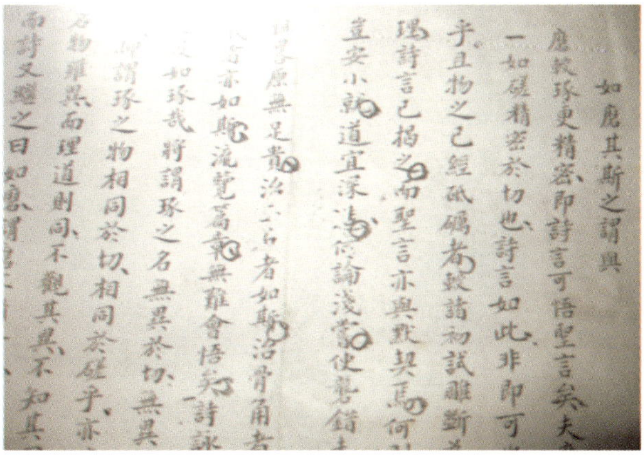

东山书院生员课业

院山长品格低下，无心教书育人。与此同时，书院也日益成为科举的附庸，生员以追逐科举功名为唯一目标，以学八股文为唯一的学习内容。这些都使得书院早期作为私学与科举抗衡，读书人通过书院讲习、切磋学术以完善自我精神人格的一面逐渐被湮没。书院一方面在不断偏离自己的初衷，另一方面又无法应对日益开放、日新月异的现代世界，在这种情况下，其黯淡无光的晚景是必然的。1840 年的鸦片战争，1894 年的甲午海战都把中国无可选择地推向世界，通过变革创新以救亡图存，成为具有世界眼光的有识之士的共同目标。

一般认为清末民初之际书院发展更迭，大概经过如下几个时期：主张变通书院制度时期（清光绪二十二年即 1896 年）、第一次取消书院制度时期［约清光绪二十三年五月至二十四年六月间（1897 年 5 月—1898 年 6 月）］、书院制度之最后挣扎时期（清光绪二十七年即 1901 年之前）、第二次取消书院时期（清光绪二十七年即 1901 年）。清光绪二十四年（1898）5 月 22 日，在戊戌变法维新派的大力倡议下，清廷下令各省府、厅、州县的所有书院一律改为兼习中、西之学的学堂，省城大书院改为高等学堂，郡城书院改为中学堂，州县书院改为小学堂。但随着变法的失败，慈禧太后认为新学堂与旧书院并无实质差异，于是下令恢复书院。1900 年，八国联军攻占北京，改革旧政之呼声此起彼伏，救亡图存之热情不断高涨。清光绪二十六年（1900）清廷发布上谕："书院义塾与学校相辅而行，常年修脯膏奖，地方皆储有息款，足为经久之计。尤宜责成地方官，认真整顿，慎选名师，严定教士之规，讲求有用之学……经此次申谕之后，各直省督抚、学政，务宜将学校书院，加意整饬，责成教官山长，痛除积习，勤思教育。其有司训不职、主讲不称者，随时撤参，以示惩儆，用副朝廷维持士习，培植根本至意！"这大概是朝廷对书院寄予的最后一线希望。奈何书院已积习难返，纵有回天之力，

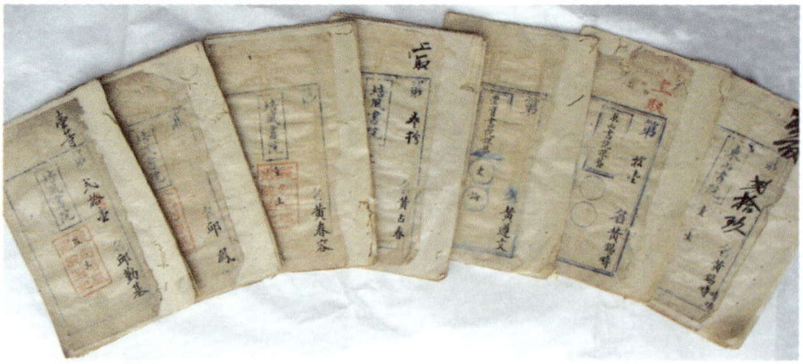

清代嘉应州三大书院课艺（刘奕宏提供）

亦难挽狂澜。八国联军攻占北京，清廷逃迁西安。慈禧太后为保住政权，被迫宣布变法，实行“新政”，于是时任湖广总督的张之洞、两江总督的刘坤一，抓住机会，联合上奏清廷《筹议变通过政治人才为先哲》，强烈要求改革积习深重的书院，朝廷终于接纳张、刘建议，于清光绪二十七年（1901）下诏改书院为学堂。于是在后来的一两年内，全国大部分书院陆续转制为学堂，延续了上千年的书院至此“寿终正寝”。

晚清书院的命运，其实也是客家梅州地区书院的命运。春江水暖鸭先知，作为身处近代中国走在世界风气之先的广东客家地区，在千年书院何去何从这一问题上，反应更及时。

（二）黄遵宪《敬告同乡诸君子》与东山初级师范学堂的创立

黄遵宪（1848—1905）

就客家梅州地区而言，在晚清书院变革与新式学堂建立的过程中，首先值得一提的重要人物就是黄遵宪。清光绪二十九年（1903），黄遵宪一方面邀请地方人士，创立嘉应兴学会议所，自任会长，亲自实践，从行动上支持和推动近代教育的改革。另一方面，发表《敬告同乡诸君子》一文，极力提倡新学，建议兴办启蒙小学堂、师范学堂、实习学堂、讲习会等，从思想认识上更新人们的观念。翌年（1904）二月，黄遵宪还自献资金在嘉应州城东山书院创办“东山初级师范学堂”，派门人杨徽五、堂侄黄之骏等赴日本弘文学校学速成师范，资助堂弟黄遵庚，以及自己的四儿子黄季伟、孙子黄延豫留学日本，还开设成人文化实习班“嘉应犹学会”，试图解决新式学堂建立之后的师资问题。这些人可以说

东山初级师范创校监督·李卓汉

是攀桂坊历史上的第一批留学生。《敬告同乡诸君子》是客家梅州地区近代新学发起的宣言书。黄遵宪在文中就如何兴办新学谈了如下一些问题：师范教育于人才培养的重要性；在东山书院基础上开办师范学堂；为嘉应各乡培养师范人才的计划（包括师资、经费、场地、生源、教材的解决）；新学校的课程设置及其意义；教师的教学方法；所培养学生的前景等。文章还呼吁各属县开设兴学机构以促进新式教育的发展。《敬告同乡诸君子》在新旧交替时刻及时为客家梅州教育的转型与发展指明了方向，使其鼎盛人文得以薪火相传。而东山初级师范学堂的建立，在为客家书院转型作出典范的同时，也为1913年叶剑英、冯懋度等师生、乡贤在这里创建东山中学打下了扎实的基础。

附：《敬告同乡诸君子》

凡兴办学务，必须有师范生，有教科书，有地方，有款项，四者缺一，不能兴学。而师范生非教育不能成。故鄙人之意，必须先开师范学堂。现在修理将竣之东山书院，即拟作师范学堂。鄙人已拣派二人往日本弘文学院学师范，前商之温慕柳太史，松口□派二人。明年夏间可以卒业回国。又拟聘一日本人能通华语者，或他省人学小学师范已卒业者，与之偕来，作为教师。所望吾乡诸君子，各就己乡中拣择端谨有志、聪颖自爱之士二三人，开具名单，缄送兴学会议所，此事关系极要，务祈加意拣择，必求文理明通、品行俱优者，方可录送。如不得其人，将来膺教师之任，谬种流传，贻误不小。准于今年年底截止，过期不收。俟明岁开学时，传集就学，以一年卒业。现拟章程，来学之师范生不收学费，惟在堂食宿，每月应备饮食费约计三、四元之间耳。又新修学堂，约计寄宿寝室可容六十余人。学生之自修室，约可容一百五、六十人。如报名人数过多，尚须挑选方可收录。教科书者，准人生必需之知识，定为普通之学，而又考核学生年龄之大小，度其脑力、精力之所能受，分时分课，分年分级，采择各书籍中之精要，编为一定之书，以施教者也。中国向无此名，即如史书一类，若《廿四史》，若《通鉴》，若《纲目》，卷帙太繁，以之施教，即不切于用，其他类此。近年有志之士，始从事编辑。现在虽无十分完善之本，如南洋公学、澄衷蒙学、文明书局、大同学校，各处新刻本，比之旧本，已为远胜。此类书以新刻者为佳。拟俟今年年底，集购各本，精心选择。俟择定后，将书目普告于众，即由上海等处购回，以应诸君子之求取。

……

东西各国小学校中，普通应有之学，曰修身，曰伦理，曰国文，曰算术，曰历史，曰舆地，曰理科，以天然物及自然现象启诱儿童，凡动物、植物、矿物曰天然物，一切地文学中各事为自然现象，又有人身生理之学等类。曰体操。务使儿童健全无病，俾易于发荣滋长。又有手艺一科，英、法、美等国均重之，日本初行而中止，今复编入学制，别有附加二科曰画图、曰唱歌，则习与不习，听其自便者也。综其大纲，曰德育，曰智育，曰体育。今以之比较中国旧时教法，旧法第令读书，然以高深之理，施之稚昧之年，或怖其言，如河汉之无极，或塞其心，如冰炭之不相容。而今则事事有图，明白易晓，使儿童欢喜信受，其益一也；所学皆切实有用之事，无用非所习、习非所用之弊，其益二也；既略知已国历史，又兼通五洲之今事，无不达时宜、不识世务之患，其益三也；分年月日时而授课，必使编定之书次第通晓，乃为卒业，无卤莽耕耘、灭裂收实之诮，其益四也；统贫富贵贱之子弟于一堂，而一同施教，俾人人得以自奋，无上品无贱族、下品无高门之嘲，其益五也；无智与愚，无过与不及，自就学逮于毕业，人人均能有成，无学者牛毛、成者麟角之忧，其益六也。至于教师授业，有循序渐进之阶段，有举一反三之问答，有相观而善之比较，皆有章程，有次第，其法由心理学考求而得，学者试验而来，尽美尽善，非吾今日所能殚述。以鄙人之所期望，小学卒业而后，其上焉者，由此而入中学，入大学，精进奋发，卓然树立，可以增邦家之光，闾里之荣；其次焉者，亦能通算术，能作书函，挟有谋生之资，粗知涉世之道，亦可以立身，可以保家，此固势有必至，理有固然者。鄙人深知东西洋各国小学校学务之重、学制之善，用敢殚竭其平日之所知所能，披肝沥胆，一一陈献于我同乡、我同胞诸君子之前，愿诸君子同心协力，亟起而图之也。

（三）现代学堂的创办

刘伯骥认为以清光绪十五年（1889）广雅书院建立并分设经史理

文四科、兼及时务为标志，现代学堂雏形始显。四年后（1893）张之洞在湖北创立自强学堂，两年后（1895）李鸿章在天津开设北洋大学，又两年后（1897）陈宝箴在湖南创立时务学堂。接着在1898年，上海南洋公学创立。这些学堂虽仍属于书院性质，但风气已开，“渐由技术教育之提倡，进为治术教育之改良”。

而在客家梅州地区，新学的兴起亦早于清末书院废除之前。其创办的主力是曾经取胜于科甲仕途、致力书院教育的有识之士，如黄遵宪、丘逢甲、温仲和、萧惠长（兴宁人）等。据方志史料记载，清同治五年（1866），瑞士巴色传教会在长乐县长布源坑开办嘉应州第一间西式小学。后增设中书馆（中学），成为嘉应州第一间中学。与旧式学馆、书院、私塾不同，该校实行班级制，学科是人文、自然、体育并举。

清光绪二十四年（1898）戊戌变法失败后，黄遵宪被罢官归里，与温仲和、饶芙裳等创办嘉应兴学会议所，竭力提倡新学。在其影响下，嘉应州的新式中小学校相继创办。

清光绪二十七年（1901）清廷下诏改书院为学堂，客家书院也陆续转制为学堂，这其中除了东山书院于清光绪三十年（1904）由黄遵宪改办为东山初级师范学堂、同时新设立嘉应中学堂外，其他书院也陆续改为学堂，如：清光绪二十八年（1902），德国、法国、瑞士教会派牧师里梅，与地方人士吴登初、黄墨村等将崇实书院改为务本中西学堂。

传教士在务本中西学堂传教、教书（图片来源：《梅江私塾》）

清光绪二十九年（1903），梅东书院由谢益卿、温仲和、饶芙裳等改为松口高等小学堂（1906 年改建为松口公学，即松口中学前身）；清光绪三十一年（1905）二月，饶芙裳在家乡松口组织兴学会并亲任会长，倡办松口公学，并督促各堡兴办初级小学，为此选派饶一梅、梁少镇等赴日留学，学习办学经验。此外，松口大宗学校、丙村三堡公学、畬江彬文公学、西阳公学、隆文启文高等小学堂和松源成达高等小学堂亦相继开办。为办好新学，嘉应州所属的一些县曾派人赴广州两广学务处练习所师范馆进修。清光绪三十二年（1906），培风书院由叶璧华改办为懿德女校。同年，嘉应州撤销学务公所，另行设立劝学公所，作为地方教育行政机关，全州掀起办学高潮。如开办城内中学堂于学宫内、饶芙裳在松口官坪秦氏宗祠设师范讲习所。

广东梅县东山中学（创建于 1913 年）

其他各属县情况：

兴宁：光绪三十年（1904），兴宁县人萧惠长、罗幼山、王蔚奇、陈少岳等创办的兴城兴民学堂开学，学生有 100 余人，并聘请丘逢甲为学校首任监督。1906 年，兴宁县设立劝学公所，开办官立师范科（后改为兴宁公学堂）；同年，辛亥革命元老何子渊与萧惠长等人在学宫内创办兴宁县立一中，是中国第一批示范性高中。

兴宁学宫（现为兴民中学）

五华：光绪三十一年（1905），长乐（五华）在学宫开办师范传习所，华城教会创办乐育小学，锡坑士绅创办端本小学。清宣统三年（1911），五华知县于子谦办长乐官立中学堂。民国三年（1914），改名为五华县立中学校。

蕉岭：清光绪三十年（1904），丘逢甲在镇平桂岭书院创办镇平初级师范传习所，招收闽、粤学生 100 余人。1906 年，传习所改为“镇平县官立中学堂”，即蕉岭中学前身。

平远：1906 年，在县城开办速成师范传习所。是年，大埔、平远、镇平三县先后成立教育会，是嘉应州最早设立的教育研究机构。

大埔：清光绪二十年（1894），温敬廷在百侯首办初级学堂；清光绪二十七年（1901），高陂两社（古野、桃花）仰文公立高等小学问世；清光绪三十一年（1905），启元书院改为高等小学堂；同年，大埔在县学宫的基础上创办第一间中学乐群中学，后改为省立大埔中学（1914）。至清宣统三年（1911），全县有小学堂 71 间，其中高等、初等、两等小学堂分别有 11 间、47 间、13 间。

大埔中学（成立于1914年，即县学宫原址）

丰顺：1902年，丰顺县丰良鹏湖书院改为县立高等小学堂。1905年，汤坑蓝田书院改为蓝田两等小学堂，鹏湖书院改为官立小学堂；同年，设立县师范传习馆，由李唐任馆长兼监学，招师范生80名，学习年限一年，毕业后安排到小学堂任教员。

另据《梅州市教育志》（1989）载，在清末废科举、兴新学后，至清宣统三年（1911），梅州城乡各县在原有书院、社学、义学和私塾的基础上，建小学堂803间，中学堂9间（嘉应官立、务本、梅东中学堂和东山初级师范学堂；兴宁县兴民官立中学堂；长乐中学堂；大埔乐群中学堂；平远、镇平官立中学堂）。民国期间，在地方有识之士的推动下，乡、村、族姓纷纷以公产、尝产、族产作为办学经费，旅外侨胞亦纷纷捐资办学，有力地促进了梅县教育事业的发展。民国元年（1912），梅县嘉应官立、务本、梅东中学堂和东山初级师范学堂合并，改为公立梅州中学；兴宁、长乐、大埔乐群、镇平、平远官立中学均改为县立中学（学制都为4年），当时各县学学堂有较大发展，全区有831所，比清末增加28所，学生有7.868万人。民国四年（1915）全县有小学518所，中学4所；民国二十四年（1935）小学增至543所，中学增至15所；民国三十七年（1948）小学达744所，学生有5.39万人；中学达34所，学生有1.2万人。先后开办的高等院校有乐育神学院、嘉应大学、南华学院。抗日战争期间，中山大学文学院和医学院、中华文化学院、省立岭东商校等亦先后迁来梅县，形成小学—中学—大学的教育体系。1935 年，广东省教育厅考查全省国民教育，梅县列居第一。1945 年，国民政府教育部报告全国教育普及情况，江苏武进名列第一，梅县列居第二。

（四）女子教育的崛起

根据梅县地方志编纂委员会编《梅县志》（广东人民出版社，1994）介绍：清末，在戊戌变法维新思想的影响下，女子教育问题开始引起梅县开明人士的重视。清光绪三十二年（1906），女诗人叶璧华在嘉应州城内原培风书院创办懿德女子学校，开办时有学生 30 多人，教学以文学诗词为主。

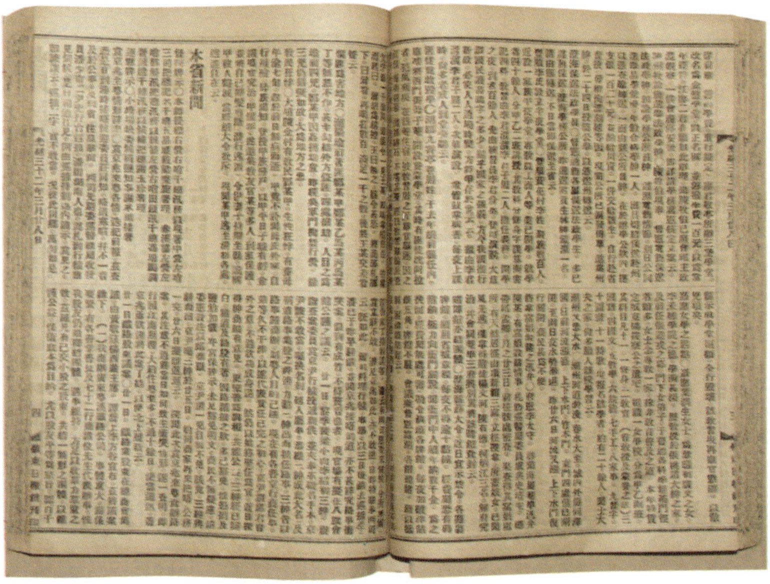

1906 年《岭东日报》刊登叶璧华创办懿德女子学校（图片来源：《梅江私塾》）

此前一年，即清光绪三十一年（1905），梁浣春以嘉应州北门外黄竹洋曾氏的“耕耘小筑”为校舍，开办私立女子学校，有学生 30 余人，设国文、算术、常识、手工 4 门课程。清光绪三十三年（1907）春，廪生梁玉麟（梁浣春之父）和肖凤秋又在嘉应州西街市塘唇曾井附近的育婴堂开办嘉善女校（后改为公立第一区立女子学校），开设国文、刺绣、缝纫等课程，学生有五六十人。1911 年秋，嘉善女校与城西公学合办妇女工艺传习班，不收学费，一个月为一学期，传授手工工艺。当时，梅县政府发给“热心公益”奖状，表扬嘉善女校。1912 年，梁浣春辞去嘉善女校校长之职，在嘉应州下市开办桂里女子小学。1915 年，梅县在培风书院旧址上建立了梅县县立第一高等女子小学，聘请梁浣春为校长。

广东省梅州女子师范学校校刊封面（图片来源：《梅江私塾》）

嘉善女校师生旧照（图片来源：《梅江私塾》）

1918 年，为解决女子教育师资问题，梁浣春得到当地教育部门的支持，在原校址上创办梅县县立女子师范学校，聘请劝学所所长温柏心、省立梅州中学教师梁伯聪等兼课。据方志史料记载，县立女子师范学校第一届毕业学生有20多人，全被各乡小学聘请为教师。1926年，年逾花甲的梁浣春引退杏坛，其时，女子教育在梅县已蔚然成风。1949年，享年86岁的梁浣春在恩元第辞世。1929年县立女子师范改为县立女子中学，1936年改为广东省立梅州女子师范学校。

梁浣春故居·千顷楼

（图片来源：http：//pic. sogou. com/pics？ ie = utf8&p = 40230504&interV = kKIO-krELjboLmLkElbcTkKIMkbELjbgQmLkEkL8TkKIRmLkEk78TkKILkbELjboN _ – 874501604&query = % E6% A2% 81% E6% B5% A3% E6% 98% A5&）

与此同时，民国元年（1912），德济医院女助产士赫求光（德国人）在“喜迪堪会”的支持下，于黄塘创办心光女子小学（盲女院）。同年，美国基督教浸信会女西差会、中国华南客属浸礼会及太年会在梅县城东挖子里创办广益女子小学，1929年，广益女子中学改为县立女子中学。

1915年，梅县在松口育婴堂开办松口女子学校，招收高小和初小学生。

1924 年，县立女师教员杨恒昭（女）在梅城下市大溪唇杨家祠创办恒业女子职业学校，设缝纫、编织、刺绣等工艺课程。

1925 年，乐育中学曾一度分设一所女子中学，后又并入本校。民国十五年（1926），彭精一、罗四维在石扇创办一所女子中学，借关岳庙为校址，是梅县农村的第一所女子中学，民国十七年（1928）并入梅北中学。

据统计，至 1932 年，梅县共有女子学校 7 所，其中中学 2 所，学生 111 人；小学 5 所，学生 673 人。1936 年，县立女中改为省立梅州女子师范学校。1941 年秋，梅县第一区立女子小学改办为县立女子初级职业学校，不收学杂费，学制 2 年，程度与初中相等，课程设有国文、算术、珠算、公民、尺牍、历史、地理等科，教具有衣车 3 辆、绣床 10 架，还附设小学。原在下市的恒业女校于 1950 年停办。

另外，民国元年（1912），德国慈善团体“喜迪堪会”捐资创建了梅县私立心光女子小学，校址设于梅城下黄塘。开办时收养盲女 20 余人，校长是采姑娘（德国人）。其后由教会以及华侨慈善人士陆续捐资支持办学和扩建校舍。1932 年，心光女校更名为“心光盲女院”，院长是柏恩慰，有盲女 59 人。1940 年收养盲女增至 80 人。每月所需经费达 600 元，由梅县政府月拨 22 元和教会津贴一部分，其余不足由社会慈善人士资助及在院盲女出售手工编织工艺品所得维持。

第四章　保护传承

本章主要对客家梅州地区书院的现状作大致的整理，介绍作为一份历史遗产，历史上的客家书院给我们今天文化建设与发展教育的启示，同时对如何保护、传承书院文化提出一些思考和建议。

一　客家书院现状

群公祠院锦江千，正气光芒射日寒。
金鉴千秋开铁汉，朱颜三月照黄冠。
文章北斗瞻芳躅，姓氏南齐重考槃。
炎徼昆关碑碣在，其星长挂水云端。

这是宋朝诗人徐韶奏吟咏七贤书院留下的诗句。岁月流逝，已为千古绝唱。当年琅琅的书院弦歌，早已风干成明日黄花。

历史上，客家梅州地区曾经有过40多间书院（其实远不止这个数字），但至今保存比较完好的，除梅州城区的东山书院外，其他的几经朝代更迭，大都成为历史的陈迹，人们仅能从断壁残垣中依稀辨认出当年书院的迹象，更多甚至还无踪迹可寻，成为永远的历史记忆。即使能够在清末废科举、改旧学、转办新式学堂后幸存下来的一些书院，也在近代频繁的战乱中受到不同程度的破坏。1949 年以后，虽然已进入和平年代，但在一次又一次以“破旧”为目标的“文革”的破坏下，类似书院这种积淀着浑厚历史人文的物质文化遗产，几乎无一幸免，成为革命对象，除了书院的“秦砖汉瓦”，书院里挂搭的牌匾

御书、摆放的四书五经等国粹精华、肃立的先哲塑像，或被打砸扫荡，或被付之一炬，而仅留下一座徒有外表的残败的建筑。典型者莫如丰顺的蓝田书院。

一些书院几经改建，已难见当年状貌，更难以让人感受到书院的气息。如兴宁墨池（探花）书院，改建在墨池寺旁边，成为一种陪衬；除了后来开凿的墨池，池中那块当年由知县手书的“墨池”，以及设计现代化的探花亭，在小小的亭子间里供奉着罗孟郊乡贤塑像，已很难寻觅到书院的历史踪迹。又如平远的毓秀书院，重新修葺后，“旧貌换新颜”，但已有“院”无“书”了。

当然也有一些书院，在新式学堂创办起来后，比较幸运、歪打正着地继续承担着传统书院讲习、藏书的功能，发挥“余热”，或改为学校的图书馆、阅览室，如蕉岭的桂岭书院；或成为学校的陈列室、校史馆，如梅州城区的东山书院、五华的三江书院；或作为教学场所继续使用，如梅州城区的崇实书院。笔者于 1982 年参加的高考，就是在从崇实书院改造的课室里完成的。

但总体来看，客家梅州地区的书院现状不容乐观。

二　整理与保护设想

延续千年的书院虽然在近代中国的内忧外患中落下了帷幔，但作为一份宝贵的文化遗产，如何取其精华、去其糟粕，使书院文化更好地为今天的文化建设服务，是摆在我们面前的一个重大命题。书院的整修与重建历代都有，这是对书院文化的传承与发扬，对前贤的景仰与崇敬，更是对书院作为一种人才培育养模式和文化传播方式的修复与调整。在现代资讯泛滥成灾、现代科技日新月异的今天，一个国家与民族如何在全球化与国际化的过程中不迷失自己的文化身份，守护好本民族的精神文化家园，已成为当今许多具有悠久历史传统的文化大国必须面对的问题。客家书院的整理与保护，正是基于这样一种背景而提出来的口号。近些年来，地方政府，特别是地方文化部门把这项工作视为一项重要文化建设工程，投入了一定的人力、物力和财力，做了大量卓有成效的工作，如对东山书院（梅州）、墨池（探花）书院、毓秀书院（平远）等的重修甚至重建，对梅州学宫（孔庙）、兴宁学宫、长乐学宫等的修缮等。但从总体上看，客家书院的整理与保护还有很多工作需要做、可以做。如下三方面的工作，笔者以为尤其值得关注：

一是有关客家书院文献资料的搜集整理方面。这是书院整理与保护中最基础的工作。本书虽然在这方面做了一些努力，但自认为还是比较浅薄的。直至今天，有关历史上客家梅州地区的书院信息，仍无相对比较全面、系统的资料可供参考，因为历史上有关书院的信息资料，大都散落在民间方志史料中，需要认真挖掘。大体说来，客家书院文献资料的搜集整理，可以包括这样一些内容：书院的创办与历史沿革，书院的章程等规章制度、书院的办学经费来源、书院的招生情况、书院的藏书与讲习（有哪些重要的主讲）、书院的课士与科考等。

二是有关政府政策对书院的关心支持方面。如地方政府应把书院的整理与保护作为文化建设的重要组成部分，制定科学可行的政策，特别是要敦促文化职能部门把对书院的保护纳入物质文化的保护范畴，并投入一定经费分急缓、主次进行修缮保护。

三是有关文化旅游资源的开发方面。从旅游资源角度而言，梅州地区自然生态与历史文化两大资源，是广东其他地方所无法替代的。地方政府可以通过整合私塾、书院、学宫、名人故居以及典型的建筑民居等资源，以充分展示客家地区深厚的历史人文积淀，体现客家崇文重教的传统。因为这些资源之间具有千丝万缕的关系，常常不可分割，如本书“兴教育才”中提到的“一腹三翰林”、“兄弟父子同登科，三代官费博士家声”、“一里同榜三进士”、“上市黄、梁，下市张、黄”等故事，其中的人（科甲人才）、物（民居建筑）、事（如“世姻之雅”等），基本上是互相渗透与互相支撑的关系。

三　书院精神传承

近年来曾有文章谈及客家书院的意义，认为对历史上梅州书院的重新审视，是对客家文化教育的深度认识。文章认为仅从办学和教育层面而言，书院至少具有三方面的借鉴意义：一是书院以学田租产作为办学经费来源，经济上实现了自给自足，摒弃了政府包办的弊端，这是现代教育可以效仿的。二是书院教育倡导自由讲学，自由进行学

术讨论，学术研究和教学活动相结合，学习氛围浓厚；注重自学、问难论疑以及读书指导；强调德育目标，反对为科举而学；提倡学术创见，反对死守章句陈说；开门办学，兼收各家之长。这一精神与当今社会大力提倡的“生本教育”理念“不谋而合”。三是历代书院除了讲学与学术研究外，还充分发挥自身的人才资源优势，兼具图书馆与出版社的功能，整理地方文献，对地方文化的传承起到了很好的促进作用，这也值得今人借鉴。（李锦让等：《梅州书院：传承“人文秀区”不绝文脉》。）

从传统书院到现代学堂，是历史发展的必然。但在转型过程中暴露出来的问题，也让我们看到了传统书院优越的一面。刘玉才《清代书院与学术变迁之研究》借毛泽东在《湖南自修大学创立宣言》中列举的现代学堂“三大坏处”，“一是师生间没有感情，二是用一种划一的机械的教授法和管理法去戕贼人性，三是钟点过多，课程过繁，终日埋头于上课，几不知上课以外还有天地，学生往往神昏意怠，全不能用他们的心思为自动自发的研究”。近百年过去了，毛泽东所说的问题在今天的教育中依然存在，甚至有过之而无不及，为世人诟病。

刘伯骥认为，书院是古代教育社会的一种育才机构，这种育才机构在中等及以上教育中占有重要位置，是应当时社会的需要而产生的。他还认为，就书院的内在气质或价值而言，至少有如下几方面是值得关注的：一是“尊师重道”，二是“供廪养士”，三是“自动研究”，四是“训教合一”。而这些制度与政教合一相比，后者是形式，前者是精神；他指出中国古代的教育是人格教育，内容主要是“尊德性而道学问”，因此“教不离训，而训就是教，只中心为至善人格之养成。同时修治经义，必求合于德操，如果德操不守，虽善为词章诂经，也为人所不齿。山长督教，不只课士而止，尤其语默出处之间必谆谆训诲合乎礼义，敦尚廉耻，故山长常有律己甚严，丝毫不苟，这才足为端士习树师摸的”。虽然后来书院逐渐走向衰落，但其价值与意义仍值得我们思考。刘伯骥提出的“供廪养士”制度，其实就是对教育阶级性的打破，既补助了贫寒子弟，又奖掖了才俊：膏粱子弟若无心向学，是享受不到这种制度的，而虽身出贫寒，但只要刻苦努力，即能得到膏火给助，从而更能安心用功。古代书院的这种养士制度，在当时的其他学校是没有的。又如书院的“自动研究”制度，书院教士，定期讲学，研究内容重在揭其纲领及为生徒答疑辨难；生徒治学功夫的训练，主要还是要通过自己按照制订的读书计划，“用功研究，刻意揣摩”后而习得。“这种治学精神，以潜修默会之功为大，无论经史子集，如有蕴义，可向山长质疑，其余完全重在自修”；同时，“每月有官师考课，以验其治学之进益。山长只须在旁边指导，其治学主体仍在生徒自己，每个生徒，必须勤苦力学，蓄志求进，又必须认识方法，才有门径走向成功。其优点，生徒治学之进程如何，可以看出其天资之高低及个性之强弱，而材料之融化及径义之了解，故以以个性为主”。刘伯骥之所言，也是现代教育所缺失的。

以上所引对古代书院的肯定与对现代教育的批判，恰恰体现了传承书院精神的重要性。香港大学与香港中文大学始终以书院制的形式开展科学研究与教育活动，将人才培养具体落实到书院中。欧美许多著名的大学如剑桥、牛津、哈佛等，也采取了传统的书院制。其实，这些大学继承的不仅仅是作为形式的书院，更是作为精神的书院。

参考文献

1. （清）《康熙程乡县志》。

2. （清）《光绪嘉应州志》。

3. 赖际熙：《崇正同人系谱》。

4. 刘伯骥：《广东书院制度》，“国立”编译馆中华丛书编审委员会 1978 年版。

5. 丘秀强、丘尚尧编：《梅州文献汇编》（1～12 集），梅州文献社 1975—1981 年版。

6. 梅州市教育局教育志编写办公室：《梅州市地方志丛书·梅州市教育志》（内部资料）1989 年版。

7. 季啸风主编：《中国书院辞典》，杭州：浙江教育出版社 1996 年版。

8. 吴永章：《客家传统文化概说》，桂林：广西教育出版社、广西师范大学出版社 2000 年版。

9. 邓洪波：《中国书院史》，上海：东方出版中心 2004 年版。

10. 刘玉才：《清代书院与学术变迁之研究》，北京：北京大学出版社 2008 年版。

11. 王炳照：《中国古代书院》，北京：中国国际广播出版社 2009 年版。

12. 李惠芳：《客家地区梅州书院发展研究》，山东大学硕士学位论文，2009 年。

13. 罗国兵：《清末梅州教育研究（1902—1911）》，山东大学硕士学位论文，2009 年。

14. 邓洪波：《中国书院学规集成》（三卷），上海：上海文艺出版集团 2011 年版。

15. 李媛：《明代国家祭祀制度研究》，北京：中国社会科学出版社 2011 年版。

16. 梅州市政协文化和文史资料委员会编：《梅州进士录》（内部资料）2013 年版。

17. 中共梅州市梅江区委宣传部编著：《梅江私塾》（内部资料）2014 年版。

18. 梅州市各市、县、区的相关方志史料。

后　记

本书是《岭南文化书系·客家文化丛书》（共 10 本）其中的一本，也是广东省“211 工程”三期重点学科建设项目“人文学中心建设——比较文化视野的文学通化研究”子项目“人文学术的迁徙演进：以客家文化为个案”的结题成果。本书名为“客家书院”，主体内容还是通过介绍历史上客家梅州地区的书院来考察、了解客家文化的形成与发展，以及教育的兴起与发展，至于有关书院的经费来源、书院的日常管理、书院的招生及讲习的情形等，并未深入涉及。换句话说，本书内容的关键词，是关于客家的“崇文重教”，只不过对这一关键词内涵的解释，绕了一个“弯”，即借助历史上客家梅州地区的书院，以及与书院相关的教育机构。

书稿从拟题至完稿，大概用了一年的时间。但对这一话题的关注，始于多年前，至少可以追溯至 2010 年。撰拟此书的难度主要在于对资料的搜集与整理，因为到目前为止仍未有系统完整地梳理历史上客家梅州地区书院的著述，已有的论文或介绍文章，切入的角度也与本书的设计不同，同时对其中资料引用的可靠性亦有怀疑。

由于选题及其涉及问题的局限，还有本人的能力与水平，本书的风格与丛书的整体设计存在一定距离。但愿书中的图片能够予以一定的弥补。

本书的写作，从资料的搜集到图片的采集，先后得到梅州市地方志办公室、梅江区委宣传部、大埔县委宣传部等地方文化宣传部门，以及相关地方文史工作者的支持和帮助，特此致谢。书中对所关涉的资料与图片处理，见本书绪论。

作　者

2015 年 5 月于梅州嘉应学院